读客® 创业者文库

指明误区，解读趋势，提高成功率，与创业者并肩同行

新媒体营销圣经

引诱，引诱，引诱，
出击！

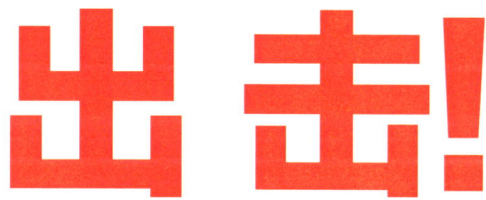

JAB, JAB, JAB, RIGHT HOOK
HOW TO TELL YOUR STORY
IN A NOISY SOCIAL WORLD

【美】加里·维纳查克 著　张树燕 译
by Gary Vaynerchuk

仅以此书献给我的两个孩子——米夏(Misha)和山德(Xander)。
你们给了我一记"右勾拳",我才知道爱可以如此浓烈。
这本书也献给莉琪(Lizzie)——这两个孩子的母亲,我一生的挚爱。

目 录

推荐序 / I

致 谢 / V

前言 新媒体颠覆旧平台 / 1
电视、电子邮件、网络横幅广告等旧平台的影响力正在逐渐减弱,你应该开始好好学习一下如何善用新媒体达成商业目标。把更多的时间、金钱和精力放在用户真正在使用的平台,而不是死守着旧平台,还幻想用户会专程来看你的广告。

第一回合 为新媒体平台准备一个故事 / 11
好的营销故事会创造场景,引诱用户乖乖埋单。如果故事的营销力度不足,就像把马儿带到水边,却无法让马儿喝水。在新媒体上,要讲一个能让马儿喝水的故事,就需要依照平台特性,发布为平台定制化的内容。

第二回合 内容与故事所扮演的角色 / 31
许多公司不断发文,希望自己看起来很真诚、有亲和力。但如果发文平庸又缺乏创意,就只能凸显自己的能力不足。为了发文而发文是没有意义的,语调平淡的发文多半会被自动忽略,唯有突出的发文才能在一片喧嚣的环境中成功营销。让发文脱颖而出的秘诀有六点,快来看!

第三回合 在Facebook说精彩的故事 / 49
Facebook有什么好说的,大家都知道这个平台,清楚它到底是什么。Facebook是世界上最大的新媒体网站,像电视一样,它彻底改造了文化。几乎所有的营销人员都自认了解Facebook,但实际上,他们显然都没有抓住重点。

第四回合 在Twitter上倾听 / 123
Twitter是网络上最大的鸡尾酒派对,是所有平台中参与感和新媒体管理优势最大的地方。在这个平台上,认真倾听的人,就能创造庞大的利益。

第五回合 在Pinterest上装饰新故事 / 167
Pinterest让用户能轻易地把在网上收集的资料和想法集中在虚拟布告栏上。它拥有4800万用户,只比Twitter少1%,而且女性占比为68%。在这些女性用户中,超过一半人是"妈妈",因此,除非你卖的东西是100万年都不会有女性替自己购买或买给别人的话,否则还没开始用Pinterest的你就是蠢蛋!

第六回合 在Instagram上创造惊人的艺术 / 189

Instagram也是以视觉有效果为中心的新媒体，它有超过1亿的用户，而且几乎每一秒都会增加一名新用户。通过Instagram，你可以用很低的成本接触很多很多人。切记：用户去哪里，营销人员就应该跟到哪里。

第七回合 让图片在Tumblr上动起来 / 207

Tumblr和Facebook、Twitter并不相同，它不是通过你认识的人建立关联，在Tumblr上，用户依照"兴趣"建立联系，你只要端出一盘秀色可餐的食物，人群自然会找到你。而且在Tumblr上，你可以推送在其他新媒体上无法张贴的GIF动画。

第八回合 其他充满机会的新兴媒体网站 / 231

即时分享已经成为21世纪生活中不能分割的一部分，因此，除了上述平台之外，我们还应该抢先在还未完全成熟的新媒体上布局，这些网站包括：LinkedIn、Google+、Vine和Snapchat。

第九回合 新媒体的致胜"金三角" / 239

内容很重要，场景是王道，再加上努力，三者结合，就构成了在新媒体中胜出的"金三角"。没有密集、持久、全神贯注、每周七天、每天24小时的努力，就算是把最好的微故事放在最恰当的情境中，也会被无情地摔倒在地。

第十回合 所有公司本身就是媒体公司 / 245

随着品牌不断把过去发布内容的传统渠道向外拓展，公司发现他们可以直接拥有媒体，甚至直接把自己变成新媒体公司。在营销的世界里，一般公司和媒体之间不再相隔遥远。品牌即将成为媒体世界的主角！

第十一回合 结论 / 249

本书剖析了当今全球最受欢迎、最有趣的平台，让大家看到它们的基本组成：文字、图像、语调和关联力。营销人员只要认真搞懂这些平台的细节和微妙之处，便能攻无不克。

第十二回合 赢得营销 / 253

身为"现代说书人"，营销人员的工作就是随着市场的实际情况不断调整。迅速开辟新平台的优势一再被证实，希望你也能加入先锋部队，在新媒体的拳击场上，打出自己的一片天。我喜欢赢，希望你也是！

推荐序

这本书拿到手,就感受到特殊的吸引力。一个晚上一口气读完,根本停不下来。

用拳击来比喻营销非常有意思,"直拳"寓意每一次试探的接触、节奏的变化;"右勾拳"则是一次精心准备、力量十足的决定性"销售转化召唤"。这组概念非常有力,充满想象,纸上满满跳跃的画面感和律动感。

这本书关注的新媒体发展时间是从2010到2013年间。那段时间,我也在探索小米创业早期路上"参与感"的构建方式。"像朋友一样讲故事""新媒体是关键战场""所有公司都是媒体公司"……当看到这些结论时,就难免会有些小激动——原来,在地球的另一面也有朋友和我大致想到一块去了。

这种微妙的"印证感"实在奇妙。"用直拳累计用户与你的感情联系,会在你准备好使用右勾拳的时候发挥功效",这一句,实在于我心有戚戚焉。简直想到Facebook上Follow这位作者,点上N个赞,再评论一句:"老兄,真有你的。"

说回这本书,不仅好看(书稿本身就是一系列"直拳",文字直白流畅又幽默,图文排版清晰明了,赏心悦目,循序渐进、令人信服后给出结论概括的"右勾拳",让人醍醐灌顶),而且有用。这是一本工具书,一本实战指南。有理论梳理,有对不同新媒体平台产品特征的分析,更有丰富的案例剖析，所以，无论是对于企业营销决策者还是具体新媒体营销账号的运营者而言，都有着巨大的指导意义。

对于营销决策者而言，在这本书里能得到的最好的建议大概是这么三条。

首先，不要对新媒体平台有着太强的功利心，不要总是指望它每天都能源源不断直接为你创造营收，Gary Vaynerchuk说得很到位，拳击赛不是从开场就不断猛击右勾拳，用力过猛、失去平衡反而容易被KO。"直拳"不断试探引诱、找准节奏、累积优势才是新媒体上该做的事。

其次，"说得多"往往不如"说得好"，一次干净利落、漂亮到位的发言，要远远好过十次扯着嗓子毫无风度的呼喊，所以不要用量去简单考核你的新媒体运营员工。

再者，一定要回避一个关键误区——做新媒体运营是不用花钱的灵丹妙药。新媒体平台发展多年后，尽管随着一些大平台起步窗口期红利的消退和用户口味的提升，运营成本自然也水涨船高，但相比传统的媒体投放形式仍然性价比超群——而且它有着足够的奖励机制，内容越好，扩散越广，实际上边际成本越合算。所以，还是多给你的新媒体运营团队投入资源吧，让他们能够从容做出更高品质的内容。放心，只要有一支靠谱的团队，这笔投资会被证明物超所值的。

而对于新媒体平台营销账号的一线运营者而言，这本书就是一本行动指南。我想每一个热爱这个行业的人都没法不喜欢它。这里居然有那么多不同平台上基于产品特性的运营策略分析，还有丰富的案例解析——它都已经细化到每一个案例从多个构成角度讲解好坏得失了！我一口气看完后，第二天一早还意犹未尽，把各章节案例部分又翻了一遍。

对于这些朋友,我觉得从这本书里也同样可以获得至少三条至关重要的行动指南。

首先,在新媒体上的运营行为,是具有拟人化人格的公司在和他的朋友们说话交流。这并非是广播电视时代的面对面目模糊、不知身在何处的受众们的"Broadcasting"式的单向推送,而是和朋友们坐在一起对等地聊天。你所运营的账号并不只是在他们的对面,而是在他们的身边;你要做的并不是官方发言式的告知,而是分享你的感情、你的见闻、去倾听他的意见,迎合他的爱好,分享他的情绪。

在这里,"说人话"是最核心的准则。无论你想说什么,都应该向和朋友聊天一样说。新媒体上没人喜欢端着说话的发言者。这么做,才能让用户有可能真正去关注你表达的内容,愿意参与到你的营销活动中来,不管是大到参与意见反馈、产品意见,还是小到只是随手一赞、随手一转。而这些不断累积起来,就是对你最大的帮助。

然后,"你所要做的,就是用心讲好一个又一个故事"。没有人喜欢看一个从头到尾都是自吹自擂的公司营销账号,没有人喜欢听一个喋喋不休的无趣话题。好的故事,无非是好的创意+好的视觉、文本内容品质+简单明了的信息量对上适合的人群,"微故事+新媒体管理=有效的新媒体营销",Gary Vaynerchuk这句话不由得引人点头。

值得多说几句强调下的是,新媒体平台已经越来越成熟,在用户Timeline中充斥着驳杂、良莠不齐的溢出信息时,内容品质出众的好故事的价值就更会成为营销战役胜利的关键。

其次,"所谓聪明,首先就是不要偷懒"。几乎所有的令人印象深刻的新媒体营销案例,都是花费诸多心血,反复打磨过的。研究不同平台的产品机制、针对不同人群制作内容，显然要比一套图片文案打天下要费劲；发一条促销信息加个链接，显然比要铺垫若干天的一则故事要麻烦，但是优劣差别就是在每一次多花的一点心思里拉开的。

最后，"最有效的直拳是最轻柔的、定制化的。"这也是本书最让我印象深刻的论断之一。显然这意味着要多花若干倍心思，因为各家新媒体平台一直在进化改变，还不断有新的平台崛起。所以，在新媒体营销的世界里，聪明这项品质的第一条反而是不要偷懒。花更多心思、更多精力去陪伴更多不同的用户群吧。

总结下，做营销就是做人。欲"取"需要先"予"，新媒体营销首先是获得用户的信任、赞赏、喜爱。就像书名一样，新媒体营销应用是不断轻柔地引诱、引诱、引诱，实现用户打心里出发的"心智认同"，为"营销转换召唤"攒出足够的RP值（人品值）来。

这本书给了我很大启发，让我更加确信，新媒体营销的第一要务是建立用户对品牌、产品的喜爱和认同，而非只是直接宣传产品或者销售活动——以至于很多时候我们都甚至可以不提我们的产品，而是通过其他内容给用户传递一种印象——我们和他在欣赏的品质方面有很多共同点。

另外，这本书也帮助我下了一个决心——眼下，新媒体平台的进化呈现出更多去中心化的趋势，大量用户的更多时间，投注在了很多基于兴趣和亚文化分支的细分平台上，小米的品牌营销团队在微博、微信等巨型平台上继续挖掘的同时，也应该成立一支特种小分队，正式开始探索新兴崛起的亚文化领域。

黎万强
2016年4月于北京

致 谢

对于这么多要感谢的人，无法在一条只有140个字的微博中——致谢，唯有在此深表谢意。

首先，要感谢我深爱着的家人，感谢他们像灯塔一样对我的帮助、支持以及鞭策。

其次，我要感谢在撰写这些书籍过程中的真挚伙伴——斯蒂芬妮·兰德（Stephanie Land）。这是我们合著的第三本书，没有你，我绝对、绝对、绝对不可能完成这本书。感谢你，小兰德。

再次，最需要感谢的是本书的"首席执行官（CEO）"——我多年的挚友和生意伙伴，内森·米尔沃德（Nathan Scherotter）。在本书的内容撰写和出版后的销售上，他都给予了我莫大的帮助。除了打篮球时，我们相互敌对以外，我们情同手足。

我还要感谢帮助过我的每一位范纳传媒（Vayner Media）的员工，包括凯丽·麦卡锡（Kelly McCarthy）、马库斯·卡斯顿（Marcus Krzastek）和伊顿·柏纳什（Etan Bednarsh），感谢你们成为我的好伙伴、好亲人。同样，也要感谢韦卡殊·沙（Vikash Shah）、史蒂夫·安文（Steve Unwin）、山姆·塔戈特（Sam Taggart）、科林·赖利（Colin Reilly）、艾伦·惠盂兰（Alan Hui-Bon-Hoa）、哈雷·斯卡特纳（Haley Schattner）、凯泽（India Kieser）、杰德格林·沃尔德（Jed Greenwald）、杰夫·沃洛（Jeff Worrall）、凯蒂·凯瑟琳·比蒂尼（Katie Katherine Beattie）、尼克·坂（Nik Bando）、帕特里克·克拉普（Patrick Clapp）和西蒙·易（Simon Yi）等全体人员对此书内容策划上的帮助，以及安德鲁·林福特（Andrew Linfoot）、乔治·巴顿（George Barton）、凯尔·罗森（Kyle Rosen）在夏季实习期间的协助。

另外，要对哈珀柯林斯出版社（Harper Collins）的每位成员表示诚挚的感谢。与海姆·鲍奇（Hollis Heimbouch）女士和其团队的合作不仅一如既往的顺利，而且每一个环节都对此书的出版有非凡的价值。

最重要的是，我要感谢我所有的粉丝，以及过去的四五年里，与我持续讨论当下趋势的人。是你们成就了今天的我，虽然这是老生常谈，但事实确实如此。如果你们不坚持购买、阅读我的书，或对它们提出意见，就不会有这本书面世。谢谢你们！

作者按

撰写本书期间，我持有Facebook的股票，2009年我购买了Twitter的股票，我之前也有轻博客Tumblr的股票，但在2013年雅虎收购Tumblr时卖掉了。而总一天，我会买入Snapchat或Pinterest的股票。

在本书的案例中，我尽可能避免批评任何范纳传媒公司客户的竞争者。

INTRODUCTION

新媒体颠覆旧平台

在NFL美式橄榄球的赛季里，如果你看过我在Twitter中更新的推文，就会发现唯一让我心情沉入谷底的事情是纽约喷气机队（New York Jets）在赛场上出现的一次次愚蠢失误，如他们的四分卫与前锋追尾——用头撞上了前锋的屁股以致丢球，还让对方球队触地得分。这几乎是唯一一件能对我生活的乐观态度和热情造成打击的事。

反正你也知道，这类蠢事，可能大家都已经见怪不怪了。全世界都知道我很想把整支球队买下来，也许当时球队的老板已经不是伍迪·约翰逊（Woody Johnson）而是他的接班人了，总之，总有一天我会买的。身为球队的"未来老板"，他们的每次失误都让我心痛如绞。然而，尽管热衷于橄榄球，但大多数时间里，它并不是我朝思暮想的对象。除了和家人相处之外，其他的时间我几乎都在做生意，换言之，生意吃掉了我大部分的时间。这意味着我和其他商人、市场营销员、企业家一样，我们都想着拳击！

拳击是一种节奏快速、竞争激烈，同时需要积极进攻的运动。用拳击来比喻商场再合适不过了。尽管在过去几十年里，拳击运动的人气有所滑落，但是与其他运动相比，它的术语被更多地融入我们的日常用语中。我在会议室总能听到这些用语。当经理和市场营销员针对下一个寄予众望的产品或超级营销活动部署新媒体战略时，他们经常把"重拳出击"或"右勾拳"挂在嘴边，企图一击制胜竞争对手。他们在说这些话时，眼神中放着光，这不禁让人联想到迈克·泰森（Mike Tyson）。当年年仅27岁的泰森只用了不到6分钟，就击倒特雷沃·伯比克（Trevor Berbick），成为拳击历史上最年轻的重量级拳王时，脸上大概就是这样的神情。这些人"嗜血成性"。我甚至看到许多很有耐心的公司，他们知道耐心积累用户数量是新媒体上成功营销的关键，但营销人员依旧抑制不住猛然出击的欲望和冲动，就想一拳贯穿同行或顾客的防御，把他们打得"满地找牙"或倒地不起。他们的心态不难理解，毕竟制胜的右勾拳才是真正把流量转化为销量的关键——挥出右勾拳将货物销售出去。右勾拳还能赢得戛纳网络广告金狮奖（Cannes Lions Advertising Campaign）。祭出右勾拳后的结果会很直白地反映在投资回报率（ROI）上。然而，并不是每一击都会奏效。

这难道不是事实吗？在过去几年里，新媒体上越来越少能看到令人惊艳的营销创意，大部分新媒体的营销人员成天在Facebook、Twitter、照片分享新媒体Instagram和视频网站YouTube上，卯足了劲儿使出一记又一记右勾拳，结果却是拳拳落空，销售和市场占有率毫无起色。倒不是没人看到他们的推文，只是用户看到之后毫无反应、满不在乎而已；又或者营销人员发送的信息成功引起了用户的注意，但企业对于品牌的介绍却无法激起用户的消费欲望。

2011年出书之后，我原本认为撰写下一本书要再等好几年，因为当时我已经把我能说的都说完了——我的任务就是说服营销人员，当今商业模式的最高宗旨就是"让用户开心"。我不断重申，用"直拳战术"试探消费者是非常重要的。在新媒体营销中，"直拳战术"就是利用一次又一次的对话或互动，逐步建立品牌和用户之间坚固而值得信赖的联系。奉行直拳战术的我，完全不想写一本书解释如何用广告内容达到"致命右勾拳"的效果，因为我认为所有的生意人从心底都不在乎直拳的价值，而希望直接用上右勾拳，一击致命。因为在新媒体中，互动非常困难而且需要大量的时间，而人的天性却是喜欢看到立竿见影，马上就能看到效果，能走捷径就坚决不绕路。因此我很担心如果我写了一本讲述右勾拳的书，提供了一份蓝图，指引营销人员在各大新媒体中打造优秀的营销内容，很多人就会觉得自己可以不再花那么多的时间和用户互动，你一定觉得自己学会的这招简单好用，用一击奏效的右勾拳之后，就不再需要挥出那么多直拳，也可以轻松取胜了，对吧？

你错了！你错了！你错了！你错了！你错了！你大错特错！！！

拳击被称作所谓的"讨喜的科学（The Sweet Science）"是有理由的。批评者误认为这项运动是没有头脑的、野蛮的，但是他们眼中的没有头脑的运动，对于理解并尊重这项运动的人而言，却是充满策略和智慧的。事实上，拳击经常被比作需要大量战略思维的象棋，比赛的胜利让最后的一记重拳赢得了所有荣誉，但真正帮助你赢得胜利的，却是响铃之前一系列精心设计的直拳，是它们帮你试探对手的脚步、绕场动作和习惯。若没有一个适当的直拳结合来引导你的顾客，或者说，引导你的对手，走到你所期望的正确位置，即使你的右勾拳完美无瑕，他们依旧能够如一朵蒲公英般轻盈地躲过。但是，一系列具有战略导向的直拳，再加上完美无误的右勾拳，几乎是百发百中的。

2012年末，在乘坐从西海岸（美国西海岸）到家的夜间航班上，我意识到一定要写一本新书。当时我筋疲力尽，精神萎靡地斜靠在座位一侧，额头紧贴着飞机的窗户。因为太累了，我甚至都没办法撑着自己头部。我回想着电视红酒图书馆（Wine Library TV）——在线葡萄酒视频博客——开启了我在新媒体营销行业的职业生涯，并为我现在的成就铺平道路。我总是将那次冒险的成功归功于我积极且专注地致力于与粉丝的沟通，即通过回复邮件、博客评论或全身心地投入并表示出我对他们的感激之情。但是，飞机上的我刚刚用一整天的时间分析某个潜在客户的新媒体营销手法，他们的做法拙劣，方向错误，根本就乏善可陈。尽管他们认真努力地与顾客沟通，但却看不到品牌知名度有任何提升，也无法带动销售。我坐在那里，思索着如何帮助他们，在不确定是否应该打起精神回复一些邮件或干脆倒头就睡时，我的脑海中灵光一现，出现了"内容"这个词——新媒体营销的关键，在于营销的内容。

当我刚推出电视红酒图书馆时，我选择了在YouTube（2007年后期转到了Viddler）上做长视频，每集大约20分钟。一般人不习惯花很长时间在YouTube这样的平台上，要是让他们连着看完一个5分钟的影片，就像看未删节版的电影《阿拉伯的劳伦斯》（*Lawrence of Arabia*）中，劳伦斯率领军队一直穿越沙漠的场景一样。但他们却能轻松地把脚搭在电脑前，悠闲地看着我品尝红酒，倾听我的意见。为什么他们能这样做呢？或许电视红酒图书馆在当时如此火爆，并不是因为我巧妙地结合专业、幽默感和挑逗。高品质的内容绝对是吸引观众的一个因素，但是如果我没有为YouTube这样的新创平台设计专用的影片内容，我一样不会成功。

在YouTube这样的新创平台上，不需要好的灯光和巧妙地编辑，而是需要创造真实的内容，带给观众"真实感"。这样想起来，也许以后我在接受咨询时，需要先确认我的客户和其他因我的建议而关注我的人，是否也在像我这样关注新媒体营销的内容。

电视红酒图书馆的节目只更新到第1000集，谢谢每个希望我继续更新的人，特别是网友@StanTheWineMan。

短线营销的方式用在新媒体营销上是行不通的，但传统的商业界却一直难以接受这个认知。因此在过去几年里，我花了大部分精力和时间来强调长远考虑的重要性，教大家如何沟通才能和顾客建立真实且主动的关系。我之前的一本书——《感恩经济》（*The Thank You Economy*）▲，如果简化一下书名，可以把它写成"直拳、直拳、直拳、直拳、直拳！"。这本书主要由两部分组成：第一部分提出令人信服的论证，让你知道对顾客使用直拳、提供惊艳又能打动人心的服务、用新媒体的力量抓住用户的心，以上种种举动，最终都会反映在投资回报率上。第二部分则列举了各种使用直拳战术的优秀案例，解释这些公司如何利用直拳战术让原本许多只是新媒体的浏览者最终转化成了消费顾客。

然而，如果你提前没有设置好一系列有效的直拳，那么毋庸置疑，你就无法挥出能够命中目标的右勾拳，同样，单靠直拳也不会赢得比赛，因为到了最后你依旧需要那致命的一击。坐在回家的航班上，我突然意识到自己过多地专注于完善人们的"直拳"，却忘了提醒他们挥出"右勾拳"时的注意事项。

在《感恩经济》中，我没有过多提及从直拳转换到右勾拳的时机，因为它是紧接着我的第一本书《我的第一桶金》（*Crush It!*）◆出版的。在这本书中，我解释了"优秀的内容应该是什么样子"，而且还介绍了几个当时看上去有些奇怪却无足轻重，但现在却至关重要的新平台。不过那是四年前的事情了，当时Pinterest和Instagram依旧还在发展中，大家在Facebook上的大多数状态更新还仅仅是纯文本，甚至都没有图片，也并非人人都拥有一台iPad。

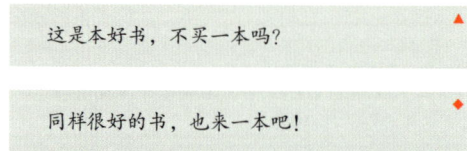

在这四年中，我们已在新媒体平台上看到了巨大的变化和扩散发展，因此，右勾拳的技巧也需要做出相应的调整。原本我并不确定是否要再写一本书，但现在看来不得不写了，因为我如此迫切地需要将过去一年里的所有收获与大家分享。我相信我知道未来成功营销的关键，以及区别一个营销案成功与否的元素是哪些。像往常一样，大多数人都与我意见相悖。但我认为，我的想法是对的，而且我喜欢这种乐在其中的感觉。

自从那次下飞机之后，我和范纳传媒团队又与数以千计的客户合作，其中包括数百家新创业的公司、《财富》杂志世界500强公司，以及许多社会名流、企业家和小企业，我们从中学到了许多利用新媒体和数字化营销成功的新技巧，并将这些技巧全部收录在现在这本书中。这本书结合了《我的第一桶金》和《感恩经济》中的精华，为发展新媒体营销和高效的创意提供了许多解决方案。我仍会在这本书中持续讨论"互动"的话题——我觉得很多人用不好直拳的原因是互动不足——但这本书的重点却是如何使用右勾拳。具体来说，就是如何为你现在必须使用的每个平台都创建完美且独特的，符合该平台特性的内容，并且这些内容相互影响、融合，让你的品牌和信息在各个平台不断发酵。

无论你是谁或在哪一类公司工作，你的第一要务都是把你的故事告诉消费者，让他们不管在哪里都能听到，而且最好是在他们犹豫要不要购买的那个瞬间让他们听到。之前很长的一段时间里，这些都是通过电视、广播和印刷品来完成。随着时代的逐步发展，我们开始尝试游击营销（Guerrilla Marketing）、发送电子邮件以及创建横幅广告（Banner）。这些较旧平台引人注目的力量正在削弱，其客户量也正在萎缩，我们每天花费更多的钱在这些平台上，却得不到多少曝光率。虽然这些较旧的平台仍能留着原来的用途，但现在的人就是不看电视、不听广播、不看印刷品，甚至连查收电子邮件都意兴阑珊。就算人们仍然使用，但使用频率已经大不如前了，现在人们的注意力开始转向新媒体了。

你也许会觉得这些平台还很新，也许它们经不起时间的考验，对吧？你的感觉我懂，但你已经犹豫很久了。现在这些平台的"地面基础建设"和"地下配套设施"都已经投入使用了，所以你也该学学如何有效利用新媒体系统达成商业目标，把更多的时间、金钱和精力放在消费者真正使用的平台，而不是死守着旧平台，幻想顾客会不离不弃。新媒体让我们有机会用同样的经费，创造出以前难以想象的投资回报率。

你可以把这本书想成是一场培训，而你将从中学到如何在当下最重要的新媒体上说你的故事的技巧。为了确保本书能"保值"，书中挑选出来做分析的平台，至少还能活三五年（对互联网、移动互联网时代的平台公司而言，能活三五年已经是非常了不起的事情了）。现在人们每天大概会看移动设备40次以上，那么你创造的那个故事，能否在他们每天的40次中使他们产生共鸣？

此外，我还会举一些知名的，或者小有名气的公司在新媒体上说故事的例子，让你知道什么是好广告、坏广告和丑陋的广告。我当初决定写这本书的时候，对自己许下了一个承诺：我要写一本指南，引导大家远离在使用新媒体时常犯的错误，而且这本指南还要成为大家可以频繁使用的工具书。我希望我写这本书的方式，能够实现我的承诺。懂得拳击原理的人，可以把在拳击场上学到的东西，应用到别的地方，新媒体营销也是一样，你只要学会了原理，未来就能把它们运用到任何新媒体营销平台上。而这个故事本身，就是一个很棒的故事。

我把这本书视为三部曲的最后一部，这三部曲不仅仅包含新媒体的进化，还包括我作为一个营销人和生意人，这么多年的成长历程。

（我的下一本书大概会写亲子关系、碳酸饮料发展史，甚至我是如何买下纽约喷气机队。）

世界瞬息万变，我们接触的媒体平台也在不断变化，我们必须学会适应这种变化。不过，万变不离其宗——通过新媒体营销实现令人难以置信的品牌知名度和实际利润，需要积极、真诚、用心、不断互动、长期耕耘，最重要的是，要会用艺术性还有策略性的方式来说故事！不管你在这本书里学到了什么，永远不要忘记这一点。▲

拜托了。　　　　　　　　　　　　　　　▲

ROUND 1

为新媒体平台准备一个故事

你的手机在哪儿？

你的手机在哪儿？在你身后的口袋里，在你眼前的桌子上，还是在你手中？不论它在哪里，八成都是在你轻易就能拿到的地方，除非你也是个总是乱放东西的人，被我一问，才开始翻洗衣篮、检查汽车座椅下面，到处寻找。

如果你在公共场合，那不妨环顾四周。我的意思是，抬起你的头。你看到了什么？手机！有些人比较老派，只是用它打电话而已。但我料想距离你1米之内，一定有某个人，甚至某些人正在"玩"手机。他们双击图片、更新状态、聊天，或发微博。实际上，四周的人大都有智能手机或者平板电脑，即便是在养老院，你也会惊讶地发现iPad有多么受那些90多岁的爷爷奶奶的欢迎。我会这么说是因为仅仅是在美国，就有将近3.25亿的移动通信设备用户。

"拥有移动通信设备的用户，一半时间都花在浏览新媒体网站或应用上。"这段话应该用播报重大新闻的严肃语调读出来。

但是那又怎么样？现在，每个人都知道新媒体无处不在，它们已经改变了社会生活和沟通的方式，不再只是被它吸引的第一批试用者和年轻人——美国人口的71%在上Facebook，全球有5亿人上Twitter。使用新媒体也不再仅仅是喜欢尝鲜的人和年轻人的专利——用户背景多元化，从教皇到一只名为鲁迪（Rudy）的鹦鹉，还有各种各样的美国小型企业。每天几乎有一半新媒体网络用户会登录这些网站，而且登录这些网站往往是早上起床之后的第一件事。▲

不仅如此，新媒体同样改变了人们投入和结束感情关系的方式，改变了保持与家人联络以及找工作的方式。最终，几乎没有人会否认"如今的商业根本离不开新媒体"，尤其是当四分之一的人说，他们通过新媒体网站决定他们的购买决策。

在二战后美国婴儿潮时出生的人，现在正控制着美国七成以上的消费。而这群人的新媒体使用率在短短一年时间内，就提高了42%。而负责家庭采购和预算控制的妈妈们，同样是新媒体的疯狂爱好者。这些人有钱，有权利决定买什么，他们都是推销员们的头号猎物。而现在，他们不再需要打开电脑，仅仅通过手机、平板电脑，就能浏览新媒体网站，也因为步骤更简单，所以他们花在新媒体网站上的时间也越来越长。未来他们甚至可以通过可穿戴设备或者其他新工具上网，总之，他们走到哪里，新媒体就会跟到哪里！

新媒体就如毒品一样，成瘾性很高。现在人们只要手里拿着移动设备，就如注射一样，源源不断地得到各种种类繁多的资讯、图片和互动信息。此外，和任何毒品一样（我只是听说，而且很负责任地说，我并没有尝试过），新媒体往往让人得到的越多，想要的就更多。这就是为什么我们应该注意，美

▲ 这是当前的数字，因为新媒体面世仅仅7年，再过5年，比例大概会提升到二分之一。

国的手机用户,一半以上都安装了新媒体网站的软件,他们用手机上网的时间越来越长,使得他们期待的品牌、企业和他们互动的方式,并不因为他们离开了电脑而终止。

我敢和你打赌,这绝对是条重大新闻。

新媒体如何融入数字化社会

下列统计数字会改变目前的基本营销原则。

在过去的5年里,市场营销人员已经学会将营销行为划分为三类——传统型、数字型和新媒体型。众所周知,随着互联网和数字媒体的出现,人们逐渐远离了电视广告和印刷品,我们很清楚传统营销已开始失去影响力了,但如果把这三种营销渠道联合起来,它们其实可以互补。然而新媒体不只是把大家的注意力从传统媒体上移开而已,还逐渐蚕食数字化媒体——现代人对新媒体社交关系上瘾,只要媒体上没有社交原则,人们就会因为不习惯或者互动性差而选择离开。

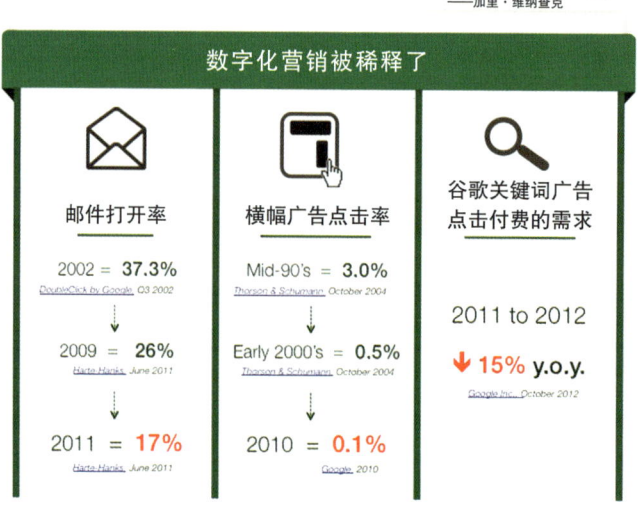

用数据说话，电子邮件、横幅广告和搜索引擎优化（Search Engine Optimization）▲，这些互联网时代坚不可摧的数字化营销策略正在衰减，但有一种情形例外，就是当数字化平台与新媒体相结合的时候。也就是说当数字化平台具有新媒体的社交构成要素时，就能提升平台效果。实际上，不仅仅是数字化平台，任何新媒体增加一点点社交元素，都会立即提升平台的效果。

任何关注媒体趋势和其历史的人都不应对此感到惊讶，每一个新的营销平台都会侵占以前的平台，这是很自然的事。广播抢走了纸质媒体的观众，电视侵蚀了广播的大饼，互联网吸走了所有这些旧平台的观众，而现在的新媒体（其实只是互联网的演变）又以压倒之势攻占前面所说的各个平台的领地。然而，真正让人震惊的是新媒体的发展速度。无线电广播用了38年俘获了5000万听众，电视用了13年，而Instagram（照片分享应用）却只用了1年半的时间。

由于通过移动设备可以即时访问新媒体，因此，随着移动设备的出现，就再也没有所谓"百分之百的关注"了◆。先前人们赖在沙发上，边看唱歌选秀节目，边用笔记本电脑上Facebook，现在连过马路都要在Pinterest上发文，一边开车一边上传照片到Instagram★。厂商依然花大价钱把自家产品送到超市中面向走道的商架，企图吸引目光。殊不知，现在逛超市的人，都

▲ 搜索引擎优化是随着搜索引擎而兴起的营销方式，营销人员根据搜索引擎运作规则调整网站，以提高网站在搜索引擎内的排名。

◆ 很多人还在为这件事情哀号或咬牙切齿，但伙伴们，这就是"进化"，你必须克服它。

★ 这种行为不值得鼓励，安全，注意安全！

是边逛边玩手机，根本没有看商品，甚至连收银台前的糖果和杂志也一并忽略。▲

从个人安全的角度来看，移动新媒体网络如一场灾难——人们走路都不注意脚下了。但从市场营销的角度来看，发展速度最快且引人关注的营销就是新媒体了。以前市场营销类别之间的严格界限已不复存在，现在的每一种成功的营销都带有新媒体社交的色彩。

然而，大部分公司、市场营销人员和企业家并没有意识到这一点，所以他们才会执意多花冤枉钱，结果却导致利润率下跌。

但企业也不是完全没花心思，虽然很多公司是被硬拖进新媒体，甚至一路拉扯哭闹，但现在的公司大部分都已经清楚地认识到，建设粉丝页面、公共账号和微博账号，对于品牌知名度与曝光率有多么重要。只是他们进入新媒体后，就感到放心，心里开始松懈而犯了一个大错误，忘记了要紧紧跟随不断进化的新媒体平台。

现代人不管走到哪里，都想和社会产生联结，所以营销人员和公司领导人应该跟上潮流，在思考策略时，无时无刻不融入新媒体社交元素，即使使用传统纸媒营销也一样。无论是在Tumblr上留言、在横幅广告中加入游戏效果、在新闻聚合软件（News Aggregator）上发布信息，或是在30秒广告之后引导观众连入Facebook……和用户互动时，都不要忘记社交元素。从现在开始，你应该把每个平台都当作新媒体社交平台。

《广告时代》（Ad age）这种专门教别人做广告营销的杂志，等你终于发现这个重大趋势，拜托请称赞一下第一个说出这个观点的本书。

此外，你的顾客已经从固定浏览转变成了"行动派"，你最好也加入他们的行列。

快速审视几家公司的营销内容，就能看出不少公司已经察觉到了趋势，知道移动网络和应用软件是品牌成长的最佳机会。这些公司在各个移动新媒体平台上大量传播信息，让大众在每个新媒体网站上都能看到它们的身影，这些网站包括Facebook、Twitter、Instagram、Pinterest和Tumblr。它们大部分的贴图都长成了图中的样子。

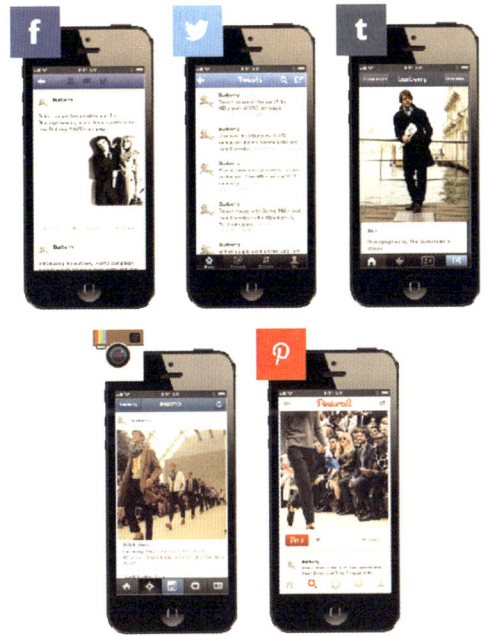

如果仅仅只看手机屏幕上的图片，除了Twitter之外，你们分得出这些图片是从哪个平台上截取的吗？可能在本书出版的时候，有些平台已经改变了外观，形成了差异化，但至少在我写这本书的时候，你就承认吧！你根本分！不！出！来！！！

写这本书的时候，我保持着最高的敬意，但我还是要说，营销人员、小公司、名人们，我知道你们很努力，但除了少数人，你们现在放到新媒体上的东西实在很烂！你们知道为什么吗？因为就算现在的消费者只把10%的时间花在移动网络上（这个比率正在急速飙升），而你们却只肯把1%的经费花在新媒体平台上。你们不能只是把某个平台上的资讯拿来改一改，就发到另一个平台上去，还不能理解为什么读者觉得这些东西无聊。没什么好诧异的，把纸媒的广告一成不变地搬到电视上绝对不是一个好主意，也不会有人把横幅广告和广播混为一谈，而新媒体和这些传统媒体一样，每个营销平台都有自己的语言，只是大部分人懒得学。多数大公司不愿在这个上面多花钱，小公司和名人们则不肯花时间。你们就像一群到挪威首都奥斯陆旅行的观光客，连一个挪威语单词都不肯学，在这种情况下，怎么能期待平台用户注意到你们说的话呢？

不管你是企业家、小型公司还是世界500强的企业，想要把营销做好，就要把你的故事说得天花乱坠，讲到大家都想买你的东西，这个原则是永远不变的。改变的是这个故事要怎么说，什么时候说，在哪里说，甚至由谁来说。在这个资讯爆炸的移动时代，这些变动更为剧烈。

本书会教你如何创造用户愿意分享、与他们相关、会创造价值的内容，确保用户不管在哪儿都会竖起耳朵听你的故事，听完之后还能替你传播出去，这些让人口耳相传的内容就是提高销量的关键，即口碑。说到底，你如此努力的原因只有一个：在新媒体上，连垃圾都能卖出去。

为什么说故事就像打拳击

传统营销是由一方攻击的拳击赛，公司都在同样的几个平台上营销，包括广播、电视、传单、户外广告，以及相对现代的网络广告，"右勾拳"被疯狂使用，大家都在比快、比出招频率。

"买二送一，仅限今天！"重击。

"拿上钥匙，拎包入住！"重击。

"一辈子只有一次机会，千载难逢，不要错过！"重击。

这是场不公平的竞赛，但消费者无从选择，只能被迫接受。然而新媒体的出现将局面翻转了——用户获得了决定权。这场拳击比赛的阵地转移到了新的平台。在这个平台上，用户可以改变比赛方式，他们要求拉长比赛时间，要求品牌和公司多和他们进行几轮攻防，多在乎他们一点，让他们有机会发表意见和担忧。他们要品牌变成他们想象中的样子，再给他们强劲的一击，让他们产生购买欲望。在这样的平台上，营销人员必须花更多的时间使用直拳战术试探消费者，等待时机成熟，再使出最强劲的右勾拳。

因此，尽管主管和营销人员最想学好右勾拳，我的前两本书却用大篇幅解释了如何适当地挥出直拳。直拳战术就是为你的顾客设计轻松的小品，让他们大笑、坏笑、沉思、玩游戏、做白日梦，感觉得到尊重。相反，右勾拳则是以公司为中心设计的"行为召唤（Call To Action）"▲内容，鼓励顾客下单

> 一个交互设计的概念，商业网站往往有特定的设计，试图引导消费者采取某些行动或动作，如购买产品、浏览特定的商品，或"躺下试试""立即购买"等。网页设计者这样的行为即称为"行为召唤"。

消费。做营销就像在说故事，没有故事就没有销量，而故事需要生动的阐述做铺垫，才能有打动人心的高潮。所以，现在的营销和打拳击一样，没有准备，就无法在最后关头重击获胜。

新媒体让营销人员得以直接与用户互动，成功使出直拳试探，然而它也是公司接触用户、试图提高销量的阻碍：即使公司在新媒体刚问世的时候就加入了战场，伴随着新媒体不断扩大，把流量转化为销量的难度提高了十几倍，投资回报率不断下滑。公司的直拳技巧还有很大的提升空间，但它们除了学习直拳之外，还要让右勾拳更上一层楼，考虑出拳的时间、场合，学习尊重营销平台，仔细钻研让营销内容更有趣的小细节。

营销内容的品质一直无法提升，关键在于很多市场营销人员和小型企业仍对新媒体将信将疑，甚至没有真正理解它。对我和其他通过新媒体成功的公司而言，在新媒体上的互动就像氧气和阳光一样自然，但是还有不少营销人员不信任新媒体，他们使用新媒体纯粹是因为品牌要受到关注，非这么做不可。

表面上，他们声称很高兴有机会与顾客面对面接触沟通，而在私底下却怀疑，甚至热切地盼望Facebook和其带来的成果只是昙花一现。因为新媒体出现之前，很多事情都很容易操作，如果是一家大型企业，比如美国第四大汽车保险公司——政府雇员保险公司（Geico），它们的营销就只需要举办大型的宣传活动，看板做得越大、越宽越好，然后只要坐在一旁，等着"看戏"即可。同样的图案、构想和口号，可以适用在电视、传单、广播和户外广告里，如果最终结果不好，就把问题归结在收集方式不恰当，或是其他意外状况上。而且不管这次营销效果好不好，半年之后你都会从头弄一个全新的广告系列。如果你是一家小公司，就在信里夹上传单，在全国黄页里夹上可爱的小广告，或是在地方广播里宣传，之后就等待着顾客上门。如果你足够有远见，在2005年之前，你应该已经开始做一些搜索引擎优化（SEO）。听起来是不是超级棒？！

然而，时代变化了，营销模式也跟着改变。现在已经没有任何单一的营销活动能够撑满6个月。365天，你每天都需要想全新的营销内容。你可以一口气想几个不同的营销方案，以刚刚提到的政府雇员保险公司为例，你的营销武器有可爱的壁虎吉祥物（Gecok）、小猪麦克斯维尔（Maxwell the Pig）和你的超级代言人——迪肯贝·穆托姆博（Dikembe Mutombo，NBA篮球明星，被认为是NBA联盟中最优秀的防守队员之一），你可以把三种"武器"分散运用在不同的营销平台上，把效果最强的那一种做成一支电视广告，同时出击。你应该每天上网搜寻，找出所有与你的产品或服务相关的内容，并加入讨论，或者是一听到即时通信的提示，就冲过去回复Twitter上用户对你的抱怨。

善用新媒体很难，需要的时间和精力超过一般人的想象。此外，虽然分析技巧越来越严密，但大量的量化数据分析证明，"右勾拳"的效用依旧需要等待，就算是一记近乎完美的行动呼吁右勾拳也不例外。因此，虽然大部分的营销和生意人都使用新媒体，但仍旧有很多人质疑这些平台的价值，只有极少数的人真心认为这些平台重要到值得全力投入脑力和金钱。大部分人的这种心态可以从几个地方看出端倪：发文频率低、发文质量差，即使某个新平台越来越受欢迎，他们还是缺乏使用这个平台的创造力。最糟糕的是，明明已经少发文、内容差、缺乏创造力了，他们还是不愿意多花些时间去维护自己的业务周边、逐渐形成的新媒体。

让我们来看看一般营销人员面对新媒体的反应。他们收到一封电子邮件，邮件指出像类似于Snapchat这样的新媒体现在大为流行。于是他们登上Snapchat的网站，看到一群喝醉酒的25岁小鬼上传的比基尼照片，附上文字说明："去遛狗了！""钓了一条凤尾鱼，赞！"不到几分钟，他们就关掉了网页，因为在他们看来，研究这样的网页纯粹是浪费时间，而且他们也不会再关注这个新媒体平台了。直到一年之后，当所有人（包括他们的叔叔阿姨）都开始用这个新媒体平台的时候，他们才回到这个平台，并大声推销："看看我们都做了什么！很酷吧！我们一直紧随时代的步伐！"看他们的样子，好像最近才加入这个平台很值得骄傲似的，真令人尴尬。我对他们的行为嗤之以鼻。不过另一方面，我还是忍不住开心一下，因为他们越无知，我、我的客户和朋友就越有优势。

接着，来看一下聪明的企业家和开明的品牌管理者会怎么做。他们直接进入新平台，看着那些比基尼照开始思考"我怎样才能做得更好呢"。他们愿意花上一整年巩固自己在这个平台上的地位，确保在这个平台上，自己的品牌竞争力比其他竞争者要强。许多博客和媒体开始紧随他们的脚步，分析他们的策略，整理他们的时间表，而他们也因此获得了更多的关注，足以吸引年轻的顶尖人才。想想那些刚刚毕业的商科学生，谁不想加入一家不断进步的公司呢？看到这里，你一定会想，既然好处这么多，那每个品牌和小公司都应该会抢着当第一个登上营销平台的人吧！然而，他们往往因为害怕失败而选择被动防御，丧失了主动性，或者他们觉得成功的概率太小，不值得浪费资源。

然而，一个有头脑的企业家或开明的品牌经理则会转而投向一个崭新的平台。他们看着这些比基尼照片，想"我怎样才能做得更好"。他将用12个月的时间在他们的领域内争取到一个坚固的主导性平台，并将赢得的一些博客写手和记者作为免费媒体来记录他们的进展并分析他们的策略，同时还要吸引最具才华的年轻人加入，因为从商学院走出来的学生都希望就职于有前景的企业。鉴于这种优势，你可能会认为，在这些平台上，品牌和小型企业将争先恐后地成为第一个被推向市场的人，但大多时候他们都惧怕失败，法律部门担心诉讼，或者与这种可能性的预感相比，他们更担心时间不够充裕。他们选择了防守而不是进攻。

让我来分享一下我的"邪恶心法"。虽然我总是很早就接触新事物，通常也可以预见未来趋势，但我不是先知，不像诺查丹马斯（Nostadamus）可以"预见"第三次世界大战，也不像《星球大战》里的绝地大师尤达（Yoda）那样能预见未来。我只是给予新媒体营销平台应有的尊重。我没办法预测哪一个平台的用户能在一年之内图片分享达到2000万，但只要我感觉这个平台有机会达到这样的水准，我就会投资钱和时间在这个平台上试试水，尝试各种营销手法，直到我学会了说那个平台上的人想听的故事。

我难以想象，世界上竟然有那么多的营销人员会对拥有500万用户的媒体置之不理，你年轻的孩子和他的朋友对新平台疯狂，并不代表这个平台就仅仅只属于他们，和你或你的品牌无关。你或许认为在平台上分享对指甲油的看法、上传新的文身照片或者在快餐店"签到"很没有意义，但当全世界有几百万、上千万人觉得这个是有意义的，你就必须处理这些信息。忽略那些大众逐渐开始使用的平台，会让大家觉得你行动缓慢，跟不上时代。所以千万不要把你的"原则"放在市场的实际情况之上，因为跟不上潮流而被淘汰。

害怕新科技的人，是无法在新媒体中大获全胜的。有些人像我一样，从2006年就开始使用类似YouTube之类的视频网站，忍受着一些乱七八糟的影片。例如：一帮傻瓜把曼妥思（Mentos）放入可乐里，看可乐疯狂冒泡；把家里的猫打扮成一只身形笨拙的蠢猫……但是就像所有的父母都知道襁褓里的婴儿总有一天会长大成人，我们相信那时候的视频网站尚未成熟，还没能发挥它的潜能。当其他人看到一个业余的影音分享网站时，我们——一群对新媒体营销敏感的人——看到的却是颠覆传统电视行业的力量。当时我不断实验，测试新的想法。在YouTube上，我第一次使出了"右勾拳"：试图以一个类似早期广播节目的影音，打造Meme▲。我把YouTube视作主流平台，当今很多知名品牌当时和我作了一样的决定，而且他们不像我，在2007年从YouTube"跳槽"到Viddler，白白放弃了数百万的关注度。（看吧，我也有搞砸的时候。）当年我们做的也不多，不过就是认真对待YouTube，我们就像拳王一样，在比赛之前密集测试和观察，花很多心力去思考怎样让这个平台给我们带来效益。

拳击选手不仅要花大量的时间分析自己的技巧，而且也要花同样多的时间研究对手的技巧。即使是两名拳手在赛场上初次见面，但在上场前，他们就已经十分熟悉彼此了。在正式比赛之前的好几个月里，拳击手除了固定在健身房和练习场进行赛前训练之外，他们还会花几百个小时研究对手过去比赛的影片。

在赛前几个月，除了黎明前就在健身房和赛场上进行的常规训练外，竞争对手还要花上百个小时通过视频来学习彼此。他们像疯狂的行为学专家一样，仔细观察对手过去的每一步、每一拳。他们不断倒带，反复观看，想办法记住对手的拳法，特别是那些对手不经意间透露下一步行动的小动作和小习惯。例如：使用右勾拳之前，会不会先眨眼睛？被直拳击中之后，会不会犹

▲ 英国著名科学家理查德·道金斯（Richard Dawkins）在所著的《自私的基因》（*The Selfish Gene*）一书中提出的观点。他认为Meme在语言、观念、信仰、行为方式等的传递过程中起的作用，等同于基因在生物进化过程中所起的作用。Meme也被译作文化基因或复制因子。

豫不前？累的时候，手的位置会不会降低？当拳击手获得这些信息时，他们已经针对对手的技巧设计了一系列策略，利用对方的弱点，避开对方的强项，这些策略就是让他占上风的秘密武器。

营销人员在接触营销平台时，要像拳击手准备比赛一样努力，用心准备故事，那么营销内容就会好得多。会讲故事的人和拳击好手一样，懂得观察，并且了解自己。说故事的高手很敏锐，懂得为观众设计故事。他知道什么时候要慢下来，才能让听众的紧张感达到最高点，当他感到观众正逐渐失去兴趣，就会马上调整语调，甚至故事情节，把他们拉回来。网络营销正需要这种敏锐度，而新媒体正好帮了大忙，它让即时回馈变得可能，让品牌和企业可以不断测试和试错，用精密的科学分析，利用数据挖掘（Data mining）分析出顾客对哪些内容感兴趣。现在营销人员动动手指就能了解观众的想法，忽略Facebook（或其他平台的）粉丝专页提供的审读分析，就像拳击手没有看过对手的出赛记录影片就直接上场一样危险。

如何讲好故事？

好的营销故事会创造一种情境，引导消费者乖乖埋单。手机公司希望大家都能注册、订购服务；迪士尼（Disney）试图说服人们订票、订酒店，到游乐场里消费；非营利组织则鼓励大家踊跃捐款……如果故事的营销力度不够，就像把马带到水边，却不让它喝水一样。在新媒体上，要讲一个能让马儿喝水的故事，就要"入乡随俗"，发表为平台量身定做的内容（Native content）。

定制化（Customization）能增强故事的说服力。会说故事的人了解平台带给用户的价值和它吸引人的地方，懂得模仿平台的美感、设计感和口吻，这样才能说出定制化的故事。这样的故事带给读者的价值，与平台上的其他文章一模一样。20世纪90年代十分盛行的电子邮件营销就是一种定制化的内容形式。当时电子邮件已经走入人们的生活，提供消费者某种价值，用定制化的方式说故事就能带来相同的价值，吸引消费者的目光。在新媒体上营销，和当年利用电子邮件吸引目标用户的道理是一样的——只要你的直拳技术足够精湛，让消费者心动、下单，就能把流量转化为销量。

媒体平台没办法告诉你要讲哪些故事，但它会让你知道消费者希望听到什么样的故事、在什么时候听，以及哪些元素会吸引他们。例如，超市或快餐店通过广播节目的数据，得知下午5点是通过广播平台做宣传的最佳时间，因为那时候正是妈妈接小孩放学、决定晚餐要煮什么（或者思考自己是不是需要带小孩外出吃饭）的时候。新媒体也拥有这样的数据。通过数据，你可能会发现在Facebook上发文的最佳时机是一大早大家还没上班前，以及午餐时段。故事要发挥最大的功效，必须是没有侵略性的，能够带给消费者价值，并且自然引导消费者下单。你越接近新媒体上的消费者，摸透他们的心理和习惯，就越能在对的时间说出对的故事。

不要忘记，只有你才知道故事真正需要传达的信息。也许此刻你的广告在说"我们的烤肉酱能够帮你赢得厨艺大赛的金牌"，几天之后，你可能觉得另一个版本"我们的烤肉酱使用本地食材，完全天然提取，无添加"更加重要。通用的广告词确实是存在的，但你最后要亮出的"王牌故事"，却每天，甚至每个小时都是不同的。万事达卡（MasterCard）怎么知道什么时候该喊出"无价（Priceless）"的口号？运动品牌之王Nike在大喊"Just Do It"之前，尝试过多少故事？编制完美的故事，你必须深入了解品牌自身的历史和它所在产业的竞争史，你还要随时关注社会趋势，探寻消费者感兴趣的话题。而且最后这两点越来越重要了。

然而，定制化不代表你应该配合营销平台而改变自身定位。事实上，不管你说的是哪一个故事，一定要忠于品牌本身，无论如何都不能动摇自己的品牌定位，只是在不同的营销平台展现品牌的不同侧面而已。我在对华盛顿的客户演讲时和站在地铁站台上等车回家时表现是不同的，晚上和朋友一起看比赛时又是另一个样子，但我一直都是我！你可以使出许多"直拳"，每一次都是一个不同的小故事，代表品牌的不同侧面。你应该享受这样的过程，因为很多大品牌最常犯的一个错误就是在所有的平台上坚持用同样的语调，采用模式化的推广方式。坚持采用这种"万年不变"的推广方式，就是错失新媒体创造的最大效益——个性化和多样化。

创业者往往比世界500强的大公司更容易利用新媒体，因为他们不会束手束脚，这样的创业者和创业公司可以比较轻松地回应消费者的即时回复。大公司就像一艘大船，总是要花上很多时间才能调转方向，小公司则反而更容易做决定，它们没有养一群律师仔细分析说出口的每一个字，这也让这些小公司保有一份幽默感，在各个平台上表现出个性与人性。而当很多创业公司成长为世界型的大公司后，也会容易变得过分小心，不愿离开最安全却狭窄的小路。

拳击学

营销人员常常问我怎样勾勒一个故事的模板，比如要使用几次直拳，在哪里挥出终极右勾拳，效果才会更大，事实上这种模板是不存在的。在新媒体上说故事和拳击一样，需要不断尝试和长时间观察。成功的网络营销人员会格外仔细关注各种变数，比如整体大环境的改变和人口结构转移，什么时候回应能够达到最高峰，使用俚语会带来什么效果，同一段话搭配不同图片结果会怎么样，在Twitter的推送文章中加一个新的主题标签（Hashtag）会有什么不同结果，加上动态图片是否能拉近与用户之间的距离……只要学会如何测试并且准确解析数据，答案就呼之欲出了。你能即时看到有多少人在Instagram上送出"赞"，多少粉丝在Facebook上分享或留言，哪些人以及他们在Pinterest上转载，又有多少人在Tumblr上转发或留言。

不管公司大小，分配时间和经费用以分析这些数据都是个难题，但却又不得不做。实际上，仅仅凭借测试也是不够的，你还需要知道这些结果所代表的意义，以及如何做出回应，才能找到未来如何在这个平台上说故事的方法。如此一来，你会得到一个"某个平台说故事的公式"，但这个公式只是一个大的架构而已，毕竟，就像拳击手一样，你不能总是用一套拳法。

好的拳手总是会随机应变，当他们知道对手的要害是躯干，就会瞄准那个位置猛烈攻击，但如果对手的弱点不是躯干，他们就会改变打法。同理，每个营销平台都是独特的，你不能把同样的公式套用在所有的平台上。在Facebook上有效，搬到Twitter上就不一定管用了。同样是分享照片，Instagram和Pinterest就会有不同的技巧。把Tumblr上的帖文原封不动地搬到Google+上，就像是一个不会讲挪威语的观光顾客，异想天开地认为在挪威旅行时讲冰岛语也行得通。这个想法蠢爆了！的确，这两种语言的起源相似，发展过程也差不多，使用语言的人都是又高又帅，还一头金发，但除此之外，这两种语言没有任何相同点。你如果期待他人在新媒体上听你所说的故事并做出反应，你就必须用那个平台的语言与读者沟通，特别注意发文方式。你要先了解各个平台之间细微的差异，再针对差异调整发文的内容。针对行动装置，在新媒体上创造有效、让人印象深刻的帖文，把粉丝变成客人……这是一门科学，就是我所说的"拳击学"。

完美的右勾拳都有三种特性：

1.行动呼吁的内容简单明了；

2.为移动化、智能化设备精心设计；

3.仔细观察发文所在的新媒体平台的小细节。

我会再多分享一些帮助你精进直拳技巧的方法，但我还是想把你拉出"休息区"，希望你能把直拳战术实际运用到更多平台上。我以前常说要跟着消费者的眼光走，但现在，这句话已经过时了。

现在这个时代，智能化应用和媒体数量都空前庞大，它们争相角逐消费者的目光，每个消费者可能需要十六双眼睛才能有办法跟上它们。营销人员的目标是在对的时间点出手，在消费者产生购物的念头时，把产品端到他们面前。要达成目标，你要亦步亦趋地跟着消费者。消费者四处乱逛，要跟上他们并不容易，但还是能做到的。甚至有时候，跟上还不够，当你真的遇上他们时，还需要拿出杀手级的内容，奉上惊人的故事。

ROUND 2

内容与故事所扮演的角色

新媒体革命已将文化王国的钥匙从权威评论员和信息捍卫者的手中扭转向普通大众，给予了他们发出声音的权利。然而，如果很多人在同一时间发言，足以成为一件十分十分十分恐怖的事情，更不用说在网络世界里，大家不仅仅是在发言，而是通过评论、分享、推荐等方式，无所不用其极地推销自己。面对这样的境况，营销人员未来可增加被注意的机会，往往拼命在新媒体上发文，却忘了新媒体营销的方程式不只由"量"决定，更取决于"质"。

还记得厚重的黄页电话本吗？里面满是广告，而如今许多企业和名人们的推送内容同样毫无新意，和那些黄页广告没什么差别。各大新媒体上塞满垃圾，特别是在某个媒体刚兴起或即将消失的时候，平台用户总是觉得自己需要分享一些垃圾资讯，就像一些宗教斋戒之前大吃大喝的狂欢节一样。大品牌和小公司不断发文，希望自己看起来很真诚、亲近大众，但如果发文平庸且没有创意，只能凸显出自己能力的不足。为了发文而发文没有意义，语调平淡的帖文多半会被自动忽略，特别是叫大家快来买、纯宣传的那一种文章，只是徒占版面而已。只有突出的帖文才能在一片喧嚣中脱颖而出，成功营销。

下面是制作成功推文的6大秘诀：

1.定制化

各个平台的功能往往有所重叠，但仍各自发展出不同的语言、文化、氛围和风格，形成很大的差异。例如：有些平台适合放纯文字的长文，有些平台则是精心设计的图文混排；有的可以放链接，有的则是禁止的。发文形式错误可能让你在营销上的努力功亏一篑。看看本书接下来的一些案例，就会发现很多公司不懂这个显而易见的道理，还没弄清楚适当的发文方式，就开始疯狂发文。这些公司注定失败。相对地，有些公司比一般人更深入地了解各个平台之间的细微差异，它们就会拔得头筹，闪闪发亮。如果用人来比喻这两种公司，前者是语言的初学者，可以比较顺利地在餐厅点餐，或者和大家平淡地分享自己的一天；后者则是精通语言的人，能用各种语言讨价还价、咒骂、说情话。营销人员如果能够像后者一样摸透这些平台，就能让自己的公司被注意、受欢迎，这是不变的定律。

大家都忘了当初电视广告是花了多长时间才成功吸引消费者，又是花了多长时间才爬到今天的地位。最初只有部分家庭拥有电视，而电视内容则是一个穿着西装的男人，或者是一个空洞的声音，"此广告是由……赞助"，营销效果极差。直到电视普及，看电视成为每个家庭都热爱的休闲活动，电视广告才真正开始推升产品的销售量。但其实营销开始急剧增加要归功于几个聪明的营销人员，他们发现了用"电视语言"和消费者沟通的技巧，仿照既有的电视广告设计出视觉效果十足、有故事性，兼具娱乐效果的新广告，用简短的画面说故事，故事的主角都是激励人心的角色。新电视广告完全符合电视族群的期待，因此，电视广告成为了电视娱乐的一部分——人们在上班途中、打扫时，都能哼起广告的配乐。品牌开始引领文化潮流，而它们的产品——麦片、地板蜡和冷冻食品则销售一空。

营销内容非常重要，但营销情境（Context）才是最重要的。如果你想出很好的内容，却不顾营销平台的状况，它就无法达到预期效果。很多时候，营销人员会忽略营销情境，因为他们出现在新媒体上的目的是营销，却忘记了消费者不是为了购物才上新媒体网站的。确切的目的因人而异，但每个人都是在追求某种价值，有人想短暂休息，有人追求娱乐、信息、新闻、名人八卦、友情或者某种联系，也有人想尝试"受人关注"的感觉，或者是为了炫耀。新媒体网站会加速多巴胺（Dopamine）▲的流动并刺激人脑掌管快乐的部位，让人感到开心。所以营销人员的发文内容看起来、听起来要和平台上的既有内容一样，并向平台的用户提供他们在平台上所寻求的价值或情绪。换言之，你的发文内容要为平台量身定做，才能像新媒体网站一样，加速多巴胺的流动并刺激人脑内的快乐中枢。

定制化的定义是根据平台来决定的。举例来说，Tumblr吸引艺术爱好者，支持GIF动画（简短、反复播放的影片），设计公司如果在Tumblr上发文的标题是"访问我们的网站，看看我们屡获殊荣的办公家具设计"，那就是一篇糟糕的发文（实际上在任何网站上发这样的标题，都是糟糕的内容）。而在Pinterest上传质量很差的照片，也是浪费。Twitter的用户多半是住在城市里、说话很尖刻的人，喜欢用主题标签，也喜欢加重说话的语气。面对这样的人，一篇态度诚恳的发文，例如"我爱我们的顾客！"，听起来就很可笑，八成会被忽略。这种突兀的情况比比皆是，这也显示了大部分品牌甚至

▲ 多巴胺是一种神经传导物质，用来帮助细胞传送脉冲的化学物质。这种脑内分泌主要负责大脑的情欲，传递兴奋及开心的信息，也与上瘾有关。

还没有搞清楚所谓定制化的真正含义。

你已经知道，在一次有力的右勾拳之前，新媒体营销使用多次直拳试探，才能把之前累积的流量转化为对产品的购买。但你很可能忽略了一个不直观的重点：最有效的直拳往往是最轻柔的。轻柔的直拳都是定制化的，完全融入平台，它们是用故事触动消费者的心。不懂行的人往往会觉得这样的发文很普通，一点都不像是在为最终的右勾拳做铺垫，但它偏偏就是一记成功的直拳，因为人们的微笑、傻笑、轻笑，甚至泪水，经过长期积累之后的价值是难以估量的。

常有人把新媒体上的定制化内容，与报纸杂志中的软文（社论式广告，Advertorial）或者电视购物做比较。因为定制化的营销内容看起来和平台上的其他内容没什么区别，但那只是表象。例如：一场不是脱口秀的脱口秀，最终的目的其实是要销售慢煮锅；一则乍看像头条新闻，实际却是介绍新型关节止痛药的广告。

很多人看不起电视购物节目或软文，认为它们创造的效益很低。的确，它们品质确实不高，但有的时候，这却是它们的成功之处。打开电视节目，你就忍不住看金牌大厨罗恩·波佩尔（Ron Popeil）一边和嘉宾闲聊，一边从他的烤肉架上把金黄的烤鸡拿出来。一般传统的广告或电视购物节目习惯"下重手"，每一击都是右勾拳，即使它们用娱乐包装了营销信息，但最终目的还是销售。公司不管在电视上还是在杂志上打广告，一定会确保广告底部有一排超大的字——公司电话或网址，就算没有那一长串超大的字，消费者也铁定能从广告里感受到满满的推销口吻。

定制化

Burberry时装店的Instagram

今夜滚滚乌云卷来#伦敦
15℃ 59℉

非定制化

Vans帆布鞋的Instagram

vans
Vans和重金属乐队Metallica联名推出的最后一款帆布鞋（共四款），由乐队吉他手柯克·哈米特（Kirk Hammett）设计。更多内容，请查看网址：vans.com/metallica

百威淡啤（Bud Light）的Facebook

Bud Light
准备好了...... with Chelsea Nicole Johnson, Cory Ellis, Verna Sarracino Michelle Arnold, Johnathon Bell, Roberto Lopez Alamo, Heather Heaphy, Billie Williams, Deejaygeo Deejaygeo Cardoza, Ashley Shreve, Alex de Leon, Bobby Bryan, Jorge Galvan Ibarra, Brittany Jolicoeur, Sombat Kosonwadhana and Mary Ward.
Like · Comment · Share · June 9

百思买（Best Buy）的Facebook

Best Buy
嘿！Pop Evil乐队的粉丝，快来买他们的新专辑，凭此图片购买只需7.99美元，线上消费请输入优惠码：POPEVILSAVE288Y
http://bit.ly/PopEvilOnyx

定制化	非定制化
芝麻街英语（Sesame Street）的Tumblr	三福记号笔（Sharpie）的Tumblr

然而，定制化的内容，品质不敢如此粗糙，更不敢毫无遮掩地营销，它应该很酷，嗯，就是"酷"。至于什么样的营销才能算是"酷"，没有标准答案，你看看就知道了。很酷的营销内容，会触动用户，让用户乐于与人分享。它可能是一句引言、一张图片、一个构想、一篇文章、一幅漫画、一首歌或是个文字游戏，但不管以什么形式出现，它与用户的关联性都与和它所属的品牌的关联性一样高。很酷的营销内容是没有创作公式的，你必须真正了解客户，知道什么样的内容会让人感动，吸引人的目光。

创作优秀的定制化内容其实和卖什么产品没有直接关系，和"说故事"的关系却很大。一双擅长新媒体营销的巧手，能够点石成金，把公司的定制化内容变得很人性化。尽管Facebook上金宝汤公司（Campbell Soup

芝麻街节目中，饼干怪物吃东西发出的声音。

Company）发帖的图片可能与你妈妈说的截然不同，但它所发的内容感觉就像一个真实的人所发的，内容就和你的朋友、熟人和专家所发的内容一样。高超的定制化内容往往能够推翻以往常见的营销手法，一点儿都不会显得强硬，更不会干扰用户使用新媒体的心情，还能帮助提升用户和平台之间的互动。

前面列举的3组对比，你看出区别了吗？想看更多例子的话，第三章到第七章的章末，都附上了案例分析和点评。

2. 不间断、不干扰

奇宝饼干的小精灵（Keebler Elves）、Trix麦片的兔子和抢着说自家酸奶有多好的优诺酸奶（Yoplait）小姐们，它们的目标都是娱乐大众，让你下次想吃麦片或点心的时候，想到那些好笑的广告，忍不住想买它们代言的产品。万宝路（Marlboro）的广告里，男主角都有着钢铁般的下巴，眼睛望向远方，他就像在说服你，用万宝路就能和他一样，散发出浓郁的男人味，展现出独立的特质。营销人员设计内容的目的一直没变过——广告和营销行为都是要让消费者有感，刺激他们行动。不同的是，广告要尽可能不影响消费者对媒体的连续使用感。这样说来，即使是万宝路广告里的男人强壮而安静，他依然是个入侵者。人们可能正在观看1960年播出的经典电视剧《大淘金》（*Bonanza*），万宝路里的男人却突然打断故事，开始兜售商品。接着登场的是派素万能除菌清洁剂（Pine-Sol）、辉瑞制药（Pfizer）的新药品或者杰夫花生酱（Jif）。即使广告拍得再好，广告与电视节目之间还是有明显的分隔。

然而，现在的营销人员在做营销时，不需要再打断消费者的娱乐生活，并且应该尽力不干扰他们。现在，人们越来越缺乏耐心，他们非常不喜欢被打扰，所以技术进步之后，"快进"方式一出现，人们就习惯一口气跳过所有广告。如果我们想与在享受娱乐的人沟通，就必须成为他们生活的一部分，无缝融入他们的娱乐生活、新闻、家庭生活和社交中，营销人员应该努力复制大家在各个平台上寻找的各种生活体验。消费者可能今天没有购买你的产品，但你永远不知道明天会怎么样，如果他们觉得被你了解，你又能代表他们的价值观，当他们想要买东西的时候，就比较容易选择你，而不是其他和他们没有情感连接的品牌。

3. 无要求

为了创建优秀的内容，广告大师李奥·贝纳（Leo Burnett）提出以下建议：

让它简单，让它好记，
让它吸引人，让它很有趣。

我想再补充一点自己的理解，广告是为你的客户或读者而创造的，而不是为了你自己。

大方、搞笑、有意义、激励人，加入你想要得到的、讨喜的人格特质，这就是打好直拳的关键。右勾拳是让顾客来到店里，提高你的销量，带给你价值；直拳的目的则是你为你的顾客创造价值。消费者认为什么是有价值的？答案就在他们的手机里。手机桌面上的那些应用，就是他们想知道的内容。整体而言，热门的应用有三类：

1.社交类，代表人们对其他人感兴趣。
2.娱乐类，包括游戏和音乐软件，代表人们希望逃离现实。
3.功能类，包括地图、记事本、管理工具和健康类软件，代表人们重视服务。

你的大部分营销内容应该属于这三类。有时候，公司该用哪一类直拳非常明显，化妆品公司可以轻易地讲一则功能性的故事：在Facebook上发15秒的短片，教大家化妆，或是在Pinterest上发布资讯图表，描述产品有趣的历史事件和多年来女性如何使用这些产品。然而，化妆品公司要如何制造娱乐效果？如果他们的目标群体是18~25岁的少女，他们可以播放这个年龄的人喜欢的音乐，并解构女明星的舞台妆是怎么化的，或者可以赞扬一下某个女明星，再教观众怎样DIY，化出类似的妆。

在新媒体中的公司需要有真人的性格，而并非是冷冰冰的组织，这样才能满足客户与"人"互动的欲望，它要能与人对话，找到顾客感兴趣的话题，回应他们，不只是谈品牌，也谈和品牌相关的主题。例如，聊聊一个从凌晨就被小孩吵醒的妈妈如何在上台发言之前用化妆掩盖倦容，或是女孩从几岁开始，适合开始画睫毛膏……就算公司的主要产品是化妆品，在新媒体中还是可以谈游戏或是食物之类的话题，因为粉丝可能对这样的话题很感兴趣。直拳是帮助你打好地基，为你之后提出的"广告需求"铺平道路。

当你用为平台定制化的内容精准使出直拳，读者可能还要想一下才能发现那是一家公司，而不是某个人的发文，而且，只要内容足够好，那么即使是公司发布新状态，他们也不会生气，反而会感谢你所发出的这条状态，因为在你使用"直拳战术"的时候，你没有兜售商品，也不需要他们额外付出什么，而是为了和他们分享某个开心、搞笑、机智、知性、戏剧化或温暖人心的时刻。即使是一家公司，也可以发一则以猫（或任何其他东西）为主题的状态，总之，不是强硬的推销就好。

巧妙的、定制化的内容能捕获读者的心，这些故事会增加他们在购物时记起你的品牌的机会。这样，在你使出最终的右勾拳，请求你的那些文章的读者下单的时候，他们就算在理发厅，也能点开链接，完成购买。▲用直拳累积用户与你的感情联系，会在你准备好使用右勾拳的时候发挥功效。大概每个人小时候都有拉着妈妈，吵着要吃冰激凌或者买玩具的情况吧？十有八九她会拒绝，但总有那么一次，她突然就同意了。为什么呢？我想是因为在那次意外去吃冰激凌或买玩具之前的几天前，你和她互动时，带给她某种她重视的东西，让她想替你做点什么。或许是你做了额外的家务，获得了好成绩，或者你乖巧地与她相处了一天。总之，你让她开心，甚至骄傲，你给她的东西多到你提出要求时，她忍不住答应你。

在消费者浏览网站时，用大量的弹窗广告（Pop ads）突袭用户，只会让他们心生厌恶，疯狂寻找广告周围的小叉叉，把这些广告赶走。不管是什么样的广告，他们的答案，几乎都是"不要"。如果知道如何把网页各处闪烁的横条广告（Banner ads）也屏蔽，那他们一定毫不犹豫地这么做。没有人喜欢被打扰，也没有人喜欢被推销。所以你的故事应该是感动人心，让他们对你有好感，这样等你拜托他们买东西的时候，他们就会想起你给过他们多少，觉得不忍心或无法拒绝你。

直拳，直拳，直拳，直拳，直拳，直拳，右勾拳！
或是……
引诱，引诱，引诱，引诱，引诱，引诱，出击！
你明白了吗？

感谢移动网络设备研发人员的贡献。▲

4. 使用流行文化，撬动舆论

电影《四十不惑》（*This is 40*）中有这样一个经典的场景：一对夫妇告诉他们的女儿，他们打算取消Wi-Fi，这样家庭才不会因电子产品而分心，家庭关系才会更紧密。父母还建议把家庭娱乐活动改成建一座堡垒，在森林里奔跑或是在家门口摆摊卖柠檬汁，而女儿们则完全不明白父母的逻辑。

这不是个笑话，因为每一代人都是由流行文化定义的，没有流行文化，就没有代沟。想想现在，拿走年轻人的电子产品，就会让他们"生不如死"，好像是剥夺了他们生命里最美好的事物。从前，孩子和朋友约在冷饮店碰头，一起听唱片；后来，孩子们约在游乐场，一起听磁带；再过几年，孩子们约在停车场的便利店，一起听CD。现在，他们在手机上碰头，同时听下载的音乐、查看名人新闻，和朋友聊天、玩游戏，所有的事情似乎都是利用手机或平板电脑完成。你的新媒体营销活动，必须和上述所有的活动抢注意力，就像大家常说的一句话："如果打不赢他们，那就成为他们的一部分！"不只年轻人，现在的所有人都在利用手机吸收文化，包括那些当年听唱片、听磁带和听CD的人。

你要善于利用这个优势，让粉丝们知道，不论他们是谁、什么年纪，你都了解他们，和他们喜欢一样的音乐，同样关注这个时代的名人八卦。不要只是在移动设备上放横幅广告，你应该设计内容告诉你的用户，"你们在乎的话题和新闻，我都明白"。要人们停下手上的工作去看广告的年代正在消逝，甚至可能已经消逝了，这种营销手段的成本太高，会拉低收益率，现在你应该把营销内容与时代潮流融合，让人们在吸收流行文化的同时，连带吸收你的故事。

5. 微故事

重新审视你的新媒体创意营销时，不要再把内容想成是"内容"，你应该转换思维，把它当作"微故事（Micro-content）"——小而独特的资讯、幽默小品、评论或感悟。每天，甚至每小时，你在平台上都要不断创造新的微故事，使用为平台量身定做的语言和形式来回应当今的文化、对话或即时事件。

在广告界，有一个非常出名的微故事案例，发生在2013年美式足球年度冠军决赛时。当时的球场，新奥尔良超级巨蛋体育场在比赛进行到第三局时突然停电了半小时，数千名观众在一片黑暗中等待。争夺冠军的两支球队巴尔的摩乌鸦队（Baltimore Ravens）和旧金山49人队（San Francisco 49ers）的球员也蹲坐着。此时，奥利奥公司（Oreo）看到了一些希望，它在Twitter上发文"停电了？没问题！"，并附上一张单片奥利奥饼干在黑暗中的照片，旁边的标语写着"黑暗中还可以沾沾牛奶"。

一瞬间，所有在黑暗中茫然等待电力恢复、比赛重新开始的人们，都看到了这条提醒大家任何时候都可以吃奥利奥饼干的趣味动态。这条没有，也不需要拜托大家去购买奥利奥，或是其他任何行动呼吁的简单句子，在几分钟之内就在Twitter和Facebook上得到了数以万计的转发（Retweet）和喜欢（Like）。为什么？因为没有人看到过这种发文的类型。这种发文说出了粉丝们当下的心情，不管是乌鸦队还是49人队的球迷都愿意分享。我们常看到有人在新媒体上对时事做出第一时间的回应，但一个大众品牌像真人一样轻松、自然地搭上主流时间的顺风车还是头一次。奥利奥很有远见，才有办法发出这样的动态，早在事件之前，奥利奥就成立有新媒体小组，针对电视上的即时事件做出反应。这就是我所谓在新媒体平台上的好投资，这则广告如此成功的关键，不只是因为聪明又雅致，它还和奥利奥、奥利奥的顾客形象非常契合——奥利奥是种有趣的小饼干，是你会想一边看球赛一边吃的饼干。

奥利奥的这个微故事和其他卓越的直拳一样，给用户带来价值，才会如此受到瞩目。不要低估惊喜、笑容和想吃巧克力或奶油的想法，这些都是有价值的。奥利奥的那则状态发出后的几天，不管是在传统媒体还是在新媒体上，全世界都流传着对奥利奥的好评，至少每一个看到过这则状态的人都会给予奥利奥好评。这批人，见证了新时代营销的开端。

试想一下，下一个这样回复即时新闻的品牌，会在Twitter和Facebook王国疯传吗？大概不会。这就是为什么要先声夺人进入平台，甚至是乍一看似乎没有巨大价值的平台所得到的优势。

作为市场营销人员，你的工作不只是要卖更多的产品（虽然那是你要谨记在心的第一要务），还要确定你是整个市场里的第一名，后面的追赶者越来越多，你要尽可能成为最早发送、微故事品质最好和用最有创意方式回应即时动态的人。不管你用哪个平台，从Twitter到Facebook，从Instagram到Pinterest，这点都不会改变。

奥利奥在年度冠军决赛上的策略，证明了不管在哪个平台，面对哪些观众，要在新媒体上成功营销，只有一个公式：

微故事+新媒体管理＝有效的新媒体营销

有些人不认为奥利奥的那则发文有什么了不起。仔细想想，它使用平台的方式，也不过是那个平台已经并且一直被使用的方式，但很少有公司能做到像奥利奥那样，所以只要成功了，就应该被鼓励。事实上，奥利奥做了很多前置的工作，才完成了这则发文——它需要有一个团队在看比赛，等待合适的机会出击。几年前，宝洁公司旗下的男士香水品牌Old Spice也做过类似的事。它推出了"闻起来像个男人"的营销策略，让男演员艾赛亚·穆斯塔法（Isaiah Mustafa）在网络上即时回应用户的问题，但一连串问答其实是经过谨慎设计的营销活动。在超级碗期间，奥利奥有一则电视广告（与奥利奥的Instagram页面相结合），但除此之外只有一个计划——随时回应即时状态。这个计划很困难，但他们做得很完美，把事情变得很简单、可传播，又不失与品牌的关联性。▲

企业只要不是把新媒体想成是重要事件的陪衬，就可以直接建立新媒体和品牌之间的联系。新媒体本身就是重要事件，它替各方搭起桥梁，让企业与顾客对话。

营销人员不要每天都想一个连续不断的新媒体营销策略，大家的策略都应该是这么单纯的：

每天、随时随地使用直拳。

聊大家都聊的事情。

当他们开始讨论别的事情，你也随之改变。

再做一次。

再做一次。

再做一次。

▲ 到JJJRH.com/oreotalk看免费的1小时影片，里面有奥利奥负责那次营销的团队现身说法，还有我在"2013西南偏南艺术节"（SXSW）主持的讨论。

其实，使出直拳的频率依品牌而异，你不一定要和竞争对手相同。记得，看重数量，但更看重品质——有些品牌可以只挥出几次直拳，而有的却需要不断出击。像我现在就不用像刚创业时那样疯狂地使用直拳。英国石油公司（BP, British Petroleum）在2010年墨西哥湾漏油事件之后，没有疯狂使用直拳；在新iPhone上市的时候，往往能引发全球粉丝疯狂，但苹果公司大概一次直拳都没用过。故事讲得好就能建立品牌价值，而品牌价值高的公司就不用像新创公司一样，需要吸引用户注意到自己的品牌和成果，让用户看到自己的价值。然而，就算你不需要经常使用直拳，你也不能完全忘记它，更不能不注意那些特殊的机会，利用即时新闻或整体文化，证明自己与世界的关联，也显示自己关心时事，毕竟现在的新媒体营销是7×24，毫不间断的。

6. 一致性

虽然你每天都在创作不同的微故事，但你必须不断告诉读者"我是谁"，每一条发文、推送、留言，喜欢或分享都在塑造你的品牌识别度（Brand Identity）。你应该尽量学习各种不同的平台语言，但不管用哪种语言、哪种方式去说故事，都要维持核心故事、个性和品牌特色。

充分了解自己，就知道要传达哪些信息，并保持一致性。这是我们从类比时代就秉持的概念，营销人员对这个观点应该比较熟悉。一个有礼貌的人去奶奶家吃饭时，穿着、用语和他与朋友去夜店时不同。品牌也会视情况配合观众做出调整，微故事就是一种让品牌随变化调整的方式。在日益繁忙、疏离、不断推陈出新的世界，微故事提供了提升品牌识别度的绝佳机会。

当你在平台上创作出符合平台特性又吸引眼球的内容时，就会让读者产生共鸣。读者产生了共鸣，就会与其他人分享，为你带来好的口碑。这种口口相传的营销方式，其成本远低于其他营销手段和营销媒介。最棒的是，你不仅拥有自己的内容，还能建立自己和顾客之间的联系。

同样100万美元，在电视上你可能只能租用30秒的广告时间，但如果你花在Facebook上，你可以吸收更多具有忠诚度的粉丝。而且，只要你的故事足够好，其实不再需要支付任何额外的成本，你的内容就会一直流传下去，通过粉丝和追随者们不断重复、分享，为你不断建立和强化良好的口碑。

粉丝的每一次转发、分享、订阅、点赞和回复，都会降低单位成本。"相比于借用别人的资源（租用电视广告时间、媒体杂志广告位），倒不如拥有自主创造的推送内容，建立与顾客之间的直接联系。"这一思想对现在的硅谷创业者来说具有巨大的吸引力。但传统型企业或世界500强的公司依然不太能接受这个概念。一旦它们意识到再也不用受制于广告公司，依靠广告公司进行宣传和建立客户关系，情况就会有所改变。利用新媒体，公司的营销、推广和建立关系完全自主，可以由公司独立完成。后文中我会提到相关案例，介绍一些已经这样执行的公司。

ROUND 3

在Facebook说精彩的故事

- 2004年2月创立
- 一开始被命名为Thefacebook.com，2005年8月后更名为Facebook.com
- Facebook在2006年跻身为大学校园中"最时髦的五件事"，与啤酒打成平手，但输给了苹果的音乐播放器iPod
- "喜欢"（Like）一开始被称为"真棒"（Awesome）
- Facebook的创始人马克·扎克伯格（Mark Zuckerberg）最初拒绝图片分享，之后被联合创始人、时任总裁肖恩·帕克（Sean Parker）说服
- 2012年12月时，Facebook拥有了超过10亿的活跃用户（Active users）
- 2012年12月时，有6.8亿的活跃用户通过移动设备访问Facebook
- 在美国，每5次网页浏览里，就有一次是在Facebook上
- 我再重复一遍：在美国，每5次网页浏览里，就有一次是在Facebook上

关于Facebook，还有什么可谈论的？我们不仅都知道这个平台，而且清楚它在做什么。它是全世界最大、最坏的新媒体网络，像电视一样彻底改造文化，设立新的里程碑。当你的侄女、兄弟、70多岁的老爸和超过10亿人都正在使用Facebook时，你不能说它太年轻，属于实验性质或只是一股潮流。正因为如此，即使有部分小企业主、营销人员和品牌管理者对新媒体持保留态度，但也找不到任何借口拒绝把Facebook作为正式的营销工具。他们这些人上Facebook是因为没有理由拒绝，而不是为了精密的资料分析，但开始使用、熟悉这个平台之后，他们也很自然地接受这个平台了。

时至今日，只有最倔强的那群"老古板"——通常是不用直接面对顾客的B2B公司，或者逆趋势人士，还在质疑自己的顾客到底有没有使用Facebook，以及费心维护公司在Facebook上的形象是否值得。

既然大家都对Facebook很熟悉了，按理说它就最不需要介绍，但这一章却是本书中最长的章节。原因在于，即使营销人员自认了解Facebook，但显然，他们什么都不懂。要是他们真的明白，那么消费者在Facebook和其他平台上所看到的营销内容应该是有所区别的。目前大部分的品牌和公司还是没有意识到Facebook带来的前所未有的宝贵信息，它让我们有机会了解所有大众的生活和心理，让营销人员利用这些信息，把每一则微故事、每一记直拳和右勾拳都发挥到极致。

试想一下，人们为什么要上Facebook？大概是他们需要社交，看看他们认识或者关心的人在做什么。在这个过程中，他们也会看到自己的朋友和熟人在看什么、听什么、穿什么和吃什么，知道他们关注哪些话题、有什么规划、找什么工作，或者计划去哪里……Facebook希望用户可以找到和他们自身有关、有趣而且有用的事物，而不是恼人却没有终点的东西，不然用户就不会上Facebook了。这意味着，你最好创作和Facebook用户相关、有趣而且有用的帖文。

话说起来容易，但要真的这么简单，这一章就不会这么长了。只要雇佣一个优秀的创意人才，创作好的营销内容，就一切搞定了。但现在遇上了三个难题把事情变得很复杂，就连最有才华的创意人都会被这些问题阻碍，难以在Facebook上有组织地发出好的内容。这三个难题就是用户群体、用户群体的变化和Facebook对用户群体变化的回应。

吸引营销人员来到Facebook的庞大用户基数，是造成他们在Facebook上营销困难的"罪魁祸首"！10亿用户和他们的发文形成了对营销的阻碍。想想看，有那么多发文内容展现在用户的主页上，争相吸引目光，即使你的发文质量很高，但消费者还是不太会注意到。

此外，用户也是人，他们也会变老，会变得成熟，会长大、分手、生孩子，会放弃以前读书时为追女生而学的吉他，改练高尔夫，也可能变成素食主义者。某人在2010年成为你的粉丝，到2014年时，他的爱好和习惯已经改变了。然而，即便如此，他大概也不会随意删除Facebook上的过时资讯——

那些与他之前的喜好相关的信息。我们关注（Follow）的人或品牌，总是超过我们所需。或许你早就不看某部电视剧，不再关注某个明星的最新动态，但不会因为生活改变了，就取消关注他的页面。我们总是期待自己不再感兴趣的主题内容自动从我们的Facebook页面上消失。

Facebook很了解我们的这种心理。刚开始时，Facebook的用户还不多，那时候大学生是主要用户群体，当时的动态消息按照发文的时间先后顺序排列。随着用户越来越多，资讯也变得越来越驳杂，Facebook不像Twitter那样，让用户的动态墙被自己一度感兴趣的某个人、组织、品牌或企业淹没掉，Facebook想要确保用户看到的都是重要信息。

为了减缓资讯爆炸所带来的问题，Facebook最终决定使用"边际排名"（EdgeRank）算法。任何一个人和Facebook的互动，不管是发状态、上传照片、点赞、分享或是留言，都算是一个"边际"。理论上每个边际都会影响动态消息的内容，但实际上，并不是每一次边际都有明显的改变。因此，边际排名在计算结果的时候，也是决定哪个边际是更多人感兴趣的考量之一。Facebook执行计算的时候，会关注用户的动态得到多少回应，也考虑用户给其他人或某个品牌多少回应、用户和某条发文之间的互动有多少……"边际排名"就是这样确定用户对哪类内容感兴趣。确定之后，就按照这个标准，过滤用户动态页面上的内容（但也会随机抽取一些其他内容，确保我们偶尔会看到多年不见的老朋友的动态，让Facebook随时保持新鲜有趣）。例如，"边际排名"发现一个用户经常给朋友的照片点赞，或者在照片下留言，但会忽略朋友所发的纯文字内容，就会根据计算，在用户的动态主页上尽量多地呈现好友的照片，而让用户尽量少地看到好友的纯文字发文。不管用户是跟好友或是品牌互动，每一次都会增加彼此的连接，也会增加边际排名。从那些好友和品牌互动的动态中，选取确切的信息放到其他用户的动态主页。这种选取，正是作为品牌营销人员的你，最想看到的。

这就是为什么创造人都想要看到的高品质内容变得如此重要的原因。未来，品牌在Facebook上的曝光率，将取决于消费者现在和你的互动程度（其他的品牌很快就会跟进，采取相同的策略）。不幸的是，营销人员最喜欢看到的互动方式——购物，不会被计入Facebook的算法，换言之，用户通过Facebook的购物行为不会提高产品的曝光率。营销人员想要用户关注他们的右勾拳都想疯了，所以成天在Facebook上挥舞右勾拳，却没有发现用户在网页上对直拳的回应，才是在Facebook上营销中最重要的一环。

用户对直拳的回应之所以重要，原因在于Facebook通过"边际排名"衡量点赞数、留言和分享数。但目前它们没有把点击链接或其他购物行为记入算法的考量。坦白说，"边际排名"并不在乎你的东西到底有没有卖出去。Facebook这个平台的首要考虑是确保平台对用户的价值，而不是对营销人员的价值。它在乎的是用户对Facebook上的内容是否感兴趣，因为只有用户有兴趣，才会不断回到这个平台。

你可以发一则状态，附上外部链接，说不定只要半小时，你就能创造200万美金的营收。只要Facebook注意到大家对你的那则状态感兴趣，算法就会确保你的状态出现在粉丝的动态消息页面。然而，只点击链接是没用的，如果没有人分享你的状态，就只有你现在的粉丝才能看到你的这则状态，Facebook会认定这则状态没有优秀到值得粉丝和别的朋友分享，你的营销就不能拓展了。要抓住更多人的目光，吸引读者看文章或者买东西还不够，你还需要和他们互动，只有这样，才能把你的状态扩散得越来越广。在Facebook这个平台上，好故事的标准不是一则故事能够卖出多少商品，而是有多少人愿意分享给别人。

然而，营销人员无法在Facebook上看到高参与度状态与销量之间的直接关联性，因为在这个方面，Facebook和其他很多平台一样，无法直接测试出你想要的结果。但我们可以合理推断，想提高销量，就必须让尽可能多的人看到你希望他们浏览的营销内容。既然提高用户的参与度，是你能做的唯一让他们把眼睛黏在Facebook上的方法，所以你就不只要创造好的故事，还要突出到让用户希望与你互动。用拳击术语来说，你需要用多次直拳试探对方，建立知名度，这样等你试用关键的右勾拳时——也就是你贴出不适合分享，但链接直接导向购买——这样一则状态才会出现在更多人的动态消息页面上。

还有一个问题，虽然Facebook很努力，却依然无法参透用户行为背后的意义，也无法得知他们最重视什么。留言或点赞，哪一种行为比较能反映出用户的兴趣？点开照片或分享照片，哪一个比较能代表用户对这张照片有感觉？图片和影片哪个分量比较重？给影片一个赞和看完整段影片，这两种反应透露出的兴趣程度是否一致？Facebook不知道，但它非常想知道，所以为了找到答案，Facebook不断修改算法。这就是为什么，就算今天你的内容被注意到了，也不保证明天还会被看见。也能解释为什么此刻你的品牌在用户的消息动态页顶端，下一分钟它或许就被埋藏在第六页以后了。打个比方，假设今天Facebook认为对行动呼吁和品牌代言类发文而言，"分享"比"点赞"传达的兴趣强烈得多，它在计算时，就会给"分享"较高的权重。如果你的内容恰好有很多人分享，那你就赚到了。但Facebook后来又改变了主意，觉得"点赞"和"分享"差不多，甚至"点赞"可能还要更强烈一点，而你的内容通常没什么人点赞，那又会是怎样的情况呢？

即使是营销老手，要依照Facebook做出的改变创作内容，也是一大挑战。像跳火圈一样，如果Facebook一直改变火圈的方向，我们如何跳过火圈，接触消费者？

答案是——保持警觉。接受你每天至少要调整一次内容，了解你的新媒体，像了解你的家人一样深入。要做到这几点，就要讲消费者想听的故事，用开放、慷慨的心胸面对。你就是要刺探、刺探、刺探、刺探、刺探。

启动直拳战术

成功营销的关键，是记住你的顾客不像你一样，总把你的品牌放在第一顺位。其实这种关系就像约会，第一次约会后，能不能有后续发展，取决于初次见面时，你有没有办法发掘对方的兴趣，并且将话题导向那些对方和你共同感兴趣的部分。说到底，拳击和约会差不了多少，两者的目标都是要得到好结果，只是前者用分数衡量，后者则用是否成功求婚或达成其他目的评断，但不管是拳击或约会，都需要一步一步、循序渐进，如果一开始就强烈猛攻，那么结果基本上就注定了是失败。

一家卖靴子的公司，可以聊天气、聊攀岩，还可以聊打猎，甚至是一些像"在疯狂的摇滚盛会上，靴子如何保护你的脚"之类的话题也很好。这些主题都跟靴子直接相关，或者是读者稍微转一下就能将两者联系在一起，所以第一次使出直拳刺探时，你可以考虑下面这则动态更新："再见了，《我为喜剧狂》（*30 Rock*）！感谢你们带给观众的欢乐的7年！"

如果这家靴子公司的营销负责人对新媒体了解不多，只有一般商务人员的程度，他看到这则新状态，肯定会怒气冲冲地来找你，要你说清楚："《我为喜剧狂》跟我们的靴子公司有什么关系？两个东西差了十万八千里吧？为什么我们要发这则动态，它有办法提升靴子的销售量吗？"你会这么回答："没办法，目前还不行。"

营销负责人依然站在那儿，盯着你，眼神充满好奇（最好的状况），或者满是怒火（最坏的状况），你则冷静地指出分析结果——Facebook的页面洞察报告（Page Insights），让你知道那则状态吸引眼球的程度远高于传统的以靴子为主的状态。

一切都在你的掌控之中，因为你先前已经多次使出直拳战术，抛出各种刺探性的问题，例如"你最喜欢的电视节目是什么？"等。你利用这些问题搜集用户的想法，发现粉丝中有八成是《我为喜剧狂》的支持者，眼看这个系列即将完结，"再见了，《我为喜剧狂》！"的状态，能够让你与粉丝建立连接，让他们知道你不只了解他们，还是他们中的一员。

在这一瞬间，你的品牌忽然说起"人话"，不再是一家冷冰冰的靴子公司。数据显示，这条状态比其他一般品牌动态表现更好，代表人们喜欢它，也有所回应，这是好事，因为状态和群众的连接程度深，会让Facebook知道，人们在乎这个品牌。如此一来，你下次发动态时，Facebook会确保你分享的15秒用户原创影片出现在顾客的动态新闻里，让他们看见用户展示靴子的片段。但我要再次重申，这则状态本身不会提升销售量，再下一则——完全没出现靴子的情人节卡片也不会，你接着又发了三到四则和销售完全无关的状态。例如：

第三发直拳：15秒的攀岩GIF影片；
第四发直拳：民调问答："你比较喜欢在夏天还是冬天穿靴子？"

关键就是持续"给予！给予！给予！"。

理由只有一个：娱乐顾客，让他们感觉被了解。

实际上，你试探（给予）的次数越多，就越能摸透他们的心。

以往，每一条状态都必须是致命的右勾拳，因为我们对买靴子的客人了解不多，只知道他们需要能保护脚的鞋子，但现在只要善用直拳战术，就可以透过Facebook得到关于买家的各种细节。用直拳试探，收集信息，我们就能知道顾客喜欢什么。具有娱乐性的内容会和用户产生连接，而和用户产生连接的帖文会对Facebook和全世界宣告：你的顾客在乎你的品牌。如此一来，当你使出关键的一击，刊登对销售有直接帮助的内容，像是折价券、免费包邮服务，或其他行动呼吁的帖文，你的新媒体中，高达4%的人会看到这则动态，远高于过去的0.5%，大幅增加产品被售出的机会。

先瞄准，再出拳

然而，有时候，你不希望让所有人都看到相同的信息。在其他任何平台上，你所发布的帖子都完全公开，每一记直拳都会"打在"每个人的脸上。但是，在Facebook上，你完全可以有选择性地定制自己的直拳，划定你的目标族群。要瞄准居住在加利福尼亚州、32岁至45岁、会讲法语并拥有大学学历的已婚女性，在跨年夜为她们发布一个帖子吗？当你知道如何正确地使用Facebook时，你就可以做到（而且我相信加利福尼亚州最大的酒商就会这样做）。

使出直拳战术的时候，记得锁定目标族群，这在你击出右勾拳的时候特别重要。假设你是个时尚业的零售商，而今天恰好是黑色星期五（Black Friday，美国感恩节后的第二天称为"黑色星期五"，商家会举行打折甩卖，用折扣吸引顾客），你刚设计好一则状态，用以宣传大家最想要的皮包，你知道那个皮包的买家通常是25岁左右的女性，而不是55岁的男性客人，男客人通常是来买皮带，这样你还需要把那则皮包状态发给男性消费者看吗？当然不要。所以当你在宣布今晚黑色星期五特卖会的时候，那则有皮包的动态只要贴在20到30岁之间的女性的页面上就好了。直接对目标族群挥拳，会增加他们参与营销内容的概率，进而提高你的"边际排名"，而不是把发文贴给那群根本不关心皮包、不会点进去看的男性，让Facebook觉得大家都不在乎你的品牌。

不要以为55岁的男性客群被放弃了。接下来，你可以为他们修改内容，让他们有共鸣，或许可以用这样的标语："嘿！老爸，现在告诉她，她永远是你生命中最棒的女孩，还不算太晚。黑色星期五特卖会就在今晚六点！"你还可以做更细致的设计，给得克萨斯人看的内容，就把帖文设计成地图上得州的形状，给新泽西人看，就弄成新泽西的形状，以此类推，把产品推销给那些有地域优势感的州民。

切记，不管是直拳或右勾拳，要有效果都得跟消费者对话，并且触动他们的心。

把钱花在刀刃上

以下状况的投资回报有多高，值得我们检视一下。

零售商不需要太多时间，就能创造两则完全不同的帖文内容，直接分送给两个目标群体，并马上接收响应。如果兴奋的留言不断增加，或是帖文被疯狂转贴，零售商就知道他们的直拳有作用了，顾客愿意互动，因而增加这个零售商的"边际排名"，告诉Facebook"用户觉得这家公司很重要"。接下来Facebook就会确保这则帖文出现在更多人的动态消息页，零售商不需要多花一毛钱，就可以把信息不断传播给更大的用户群。

如果要在电视上达到一样的成效，全国连锁零售商可能需要针对不同目标群体，制作两则电视广告。例如，它会在全国性电视台的主要时段，播出针对大众的广告，再选在地方电视台在当地时间晚上十点的新闻时段，播出针对多元目标群体的广告。创意团队在广告播出前好几个礼拜，就得先把广告做好，一般而言，电视广告要重复播放很多次，大概要连播两个礼拜，让零售商的目标客户至少看到三次。这两则广告要烧掉零售商约700万到1300万美元（甚至更多）的广告费，才能接触到观众。此外，广告播出后，零售商就只能坐在旁边祈祷，希望大家看到广告，即便观众只是开着电视滑手机，不小心看到也好。如果零售商还想增加一些内容，它还得再付一次钱。

这样听来，哪一种选择所花费的时间和经费成本效益比较高？

钱只有花在刀刃上，才不算浪费。长久以来，你大概一直在买Facebook页面右侧的广告，那种广告是到目前为止，品牌或公司花钱打广告的方式中，投资回报率最高的。平均而言，在页面右侧打广告的成本，每得到1个"赞"的费用约介于0.5~1.5美元之间，而且价格还会受到各种因素影响，包括锁定目标群体的精准度、内容长度和你的投放周期，所以其实获得每个"赞"的最低成本可以到0.1美元，而最高到7美元。听起来根本是坑钱，就算是买信箱账号，使用电子邮件营销（Email Direct Marketing，EDM），价格最低也可以压到每个邮箱账号0.49美元。为什么接触在Facebook上的粉丝，成本比0.49美元还高？因为在你的Facebook粉丝专页上的用户，比其他别的平台的人社交领域更广阔。

这点我可清楚了。1998年，我用的是电子邮件营销、搜索引擎营销（Search Engine Marketing，SEM）和点击付费广告（Pay Per Click，PPC），宣传我的电视红酒图书馆网站（WineLibrary.com）。大家都爱我的产品和服务，所以乐于订阅我的邮件，向我买东西。我那时候的商业模型和近5年间所有成功使用电子邮件营销的新公司没有什么区别，那些公司包括Fab.com购物网站、全球最大的团购网站Groupon以及精品名牌折扣网站Glit。不同的是，它们的粉丝不像当年我的粉丝一样，深受电子邮件制约。在我使用电子邮件营销的那个年代，如果我的粉丝想跟朋友聊天或是分享信息，他们就必须得用电子邮件。现在的粉丝不再依赖电子邮件了，所以只有当营销人员开出很好的条件时，他们才可能去分享这些信息。例如，只要拉5个朋友订阅网站，用户就能在第一次购物时享有10美元折扣。如果动机不足，人们就不会分享你的宣传内容，或是邀请朋友通过电子邮件加入你的网站，因为邀朋友做这种事情，感觉太像在发垃圾邮件了。

然而，新媒体和电子邮件不一样，它就是为了分享而存在的，所以在Facebook上针对特定族群的广告，才能够卖到一个粉丝0.5~1.5美元，因为它真的值，只要你给粉丝提供他们想要的内容和服务，他们很可能就无条件替你分享内容，甚至多次分享。

让支出更聪明

不幸的是，低成本吸收粉丝的时代即将过去，Facebook目前的广告形式很快就要绝迹了。群众使用Facebook的媒介迅速转向移动设备，桌面电脑——无论是笔记本还是台式机——逐渐被用户抛弃。换言之，在桌面电脑上才能看到的页面右侧的广告就要消失了。你可能会期待粉丝直接到你的专页去看信息，但扪心自问，如果不是特别需要，你会没事跑去逛那些粉丝专页吗？况且我们越来越常使用手机应用来浏览Facebook，而不再连到Facebook的电脑端网站，自然更不会特地去看粉丝专页了。

移动装置把桌面电脑的内容移到新的接口上，短时间内无可取代，因为移动设备的便捷性远远高于桌面电脑。这也意味着，在下一波科技革命创造新产品之前，例如Google眼镜或皮肤投影屏幕（Tattooed Screens），你在Facebook上的故事、内容和营销都必须针对移动装置来设计。这就是为什么在2013年1月，Facebook的CEO马克·扎克伯格宣布，现在Facebook的定位应该是一家移动公司。那之后的半年内，Facebook就宣布他们2013年第二季度，有16亿美元的收入来自移动装置，占总收入的41%。▲

但营销人员被限制在智能手机的小屏幕里，要怎么做广告呢？有些公司想到一个馊主意：把广告直接放在消费者要看的东西上面。你一定遇到过这种事——到自己最喜欢的网站看资讯，最先显示的却不是你想要看到的内容，而是一个很大、很碍眼的窗口，那个窗口占据了整个屏幕，向你宣传电子产品、新软件，或其他你没有打算在这个网站看的东西。怎么会有营销人员觉得这样很聪明？这只会激怒用户，让大家对你的品牌反感而已，这与直拳的效果相反，你留给用户的印象全部是坏的。营销内容的品质、关联性、时间点比很多营销人员想象得要重要很多。再提醒一次，我们必须记得人们为什么要上Facebook或是浏览某个网站，他们不是为了看广告才来的。

那么营销人员应该怎么做呢？我们要重新思考广告应该如何呈现，要达到什么效果，我们必须根据平台定制化，必须带来价值。从现在开始，你在Facebook上的帖文和广告要达到"零"差异！你帖文内容讲述的微故事必须是广告；反之，你的广告也必须是有价值的帖文或微故事。

> 要写一本涉及当前正发生的事情的书，是机会也是挑战。像我在2013年写这本书初稿的时候，距离扎克伯格的那次演讲仅仅过了两天。▲

可喜的是，Facebook一直在精进自家工具，让你可以设计出粉丝检验过的内容，这不只会增加帖文流传的广度，也可以避免帖文浪费自己和客人的时间。这种工具就叫作"赞助商内容"（Sponsored Story）▲，不同于电视和杂志广告，它是一分钱一分货的。

赞助商内容

Facebook在2011年就开创了"赞助商内容"，但一直到2012年的秋天才成功推行，成功的关键在于Facebook宣布他们调整了算法，不再刻意限制看得到品牌帖文的用户数量。

动态消息案例

右方广告位预览案例

这种广告形式允许广告主在用户的信息流中投放广告，向用户告知其好友是否曾使用某家企业的产品和服务，或是否对某家公司的页面点过"赞"。

原本不管用户有没有点击粉丝专页的"赞",都不保证他们看得到帖文,现在,虽然算法还是会挡掉无趣或没意义的垃圾帖文,但好的帖文可以自动接触到多数粉丝(被系统自动推送到用户的动态主页)。然而,在2013年9月,根据Facebook的算法,还是只有3%~5%的粉丝才能看到你的帖文。要让更多粉丝看见,除非你的帖文真的非常吸引人,不然只能花钱买曝光度。如此一来,就可以通过提高动态消息主页的进入门槛,保障消费者的使用质量。

倡议理念于2011年初推出,在2012年秋进入全盛时期,爆发的契机是Facebook宣布了最终算法系统的调整,将放开特意限制多少人有机会看到一个品牌发布的帖子,甚至是由于喜欢此品牌的页面而已成为其粉丝的人数。直到最近,虽然算法已被校准,以限制垃圾邮件或无趣的内容,但优良的内容仍然有机会获取很大比例的粉丝。然而,截止到2013年9月,Facebook的算法系统只允许你的内容赢得粉丝人数的3%~5%。若要获取更多,你必须发布一些非常吸引人的内容,或者支付更多。这样,Facebook可以通过提高进入动态消息的门槛来保护消费者的体验。

但很多营销人员没有想到这一点,他们气愤地质问:Facebook怎么可以利用自己的十亿用户,来逼我们付更多钱?这是Facebook对用户不真诚、不忠诚,太阴险了!好一个彻头彻尾的资本家!

我不太明白这些营销人员到底在气什么。真的有人认为Facebook如果想要赚钱,没能力开发出新的算法吗?更何况,现如今大家都和桌面电脑的大屏幕说了再见,转到移动设备上了,Facebook页面右侧的广告消失的速度,比我在演讲时飙脏话的次数减少得还快。在这种情况下,难道Facebook还有别的事可做吗?营销人员和企业主砸几百万做电视广告都甘愿了,而结果呢,他们连那些广告会不会吸引到人都不知道,还是觉得钱花得值得。Facebook和电视不一样，你在Facebook上的内容能接触到多少人，取决于你的帖文够不够吸引人，是否能让读者分享。越多人和你的内容互动，分享它，你的口碑传得越远，让你能和更多人分享内容。相对地，在Facebook上贴一些没人想要看的东西，只会让你未来的帖文能见度越来越低。

"赞助商内容"奖励那些敏捷、反应快的人，是很好的广告平台。当它明确告诉我们某一则内容所引起用户反响，我们就知道要多花一点钱在上面。如果最初我在用电子邮件营销的时候有这种功能，我就能多卖很多酒。▲假设一下，当时收到我的信的人，有20%真的会点开来读。某天，我发出一封信，赫然发现有21%的人点开了，而且我在信中宣传的酒，卖得特别好，那我就知道那封信一定有什么东西对我的客户特别有价值。这样的认知值多少钱？我很乐于多付点钱给Yahoo、Gmail和Hotmail，确保我的下一封信让更多人看到，不管方式是那封信能躲过垃圾信件过滤器还是在别人登录信箱的时候能自动开启，这种服务都会是世界上最好的营销工具。（唉！Google，老师在讲呢，你有没有在听啊？）基本上Facebook的"赞助商内容"的功能就很接近我形容的模式。

Facebook在解释"赞助商内容"这个新功能上做得出奇糟糕，让我来试着说明。"赞助商内容"分两种，一种是"专页帖文"，很单纯，就是让你挑选一则内容，放到动态信息页，让更多粉丝看到（超过一般3%~5%的比率）。另一种则是用同样的方式增加曝光度，但是会强调粉丝和这则帖文的互动，让粉丝的朋友也能看到。你可以选择"赞助商内容"的重点是放在签到、点赞，或是其他互动行为，比如分享你的应用程序或网站上的故事。例如，有粉丝在饭店签到，或是要向店家买一件T-shirt，这家饭店和店家就会

> 想到这里，我的眼泪就跟当年少卖的红酒一样多。▲

付钱给Facebook，确保这名粉丝的朋友都知道这件事，让他们知道的方式不是在页面右边放上用计算机才看得到的广告，而是直接放进动态消息页。

对营销人员而言，这是很大的突破。一开始，我们都是用帖文来夹带广告，后来移到页面右侧，看起来就不再像是一般帖文，而是陌生人在打广告，限缩了创意原有的效果。但现在有了"赞助商内容"，营销人员就能持续发挥创意，制造效果，同时付钱增加曝光度，加强宣传效果，我们有绝佳的机会和活跃的粉丝互动，同时得以与沉寂多时的粉丝"重修旧好"。

"赞助商内容"的运作方式如下。当我赞助某一则帖文，追踪我专页的人当中，就有更多人会在他们的动态消息上看到那则帖文，提醒他们我的存在。如果帖文的内容够好，让他们想要和它互动——点赞、分享或留言，他们就会回到我的怀抱，让Facebook觉得我又是大家在乎的角色了，让它知道："Facebook用户喜欢GaryVee，我要让他们看到更多GaryVee的动态消息。"这样，我下次有新帖文的时候，就会被更多人看到。而且之后的帖文，我不需要多花钱来增加曝光度。如果这样的互动一直持续，我第一次投资的单位成本，就会随着我的知名度提升而不断降低。我只要付小小一次"赞助商内容"的钱，就可能促成长达一个月的滚雪球效应。

记住，在发"赞助商内容"的时候，你不需要另外买新的数据。你可以让更多人看到帖文，并且比免费的一般帖文或针对性帖文（Targeted Post）瞄得准一点。在一则表现优异的针对性帖文上花钱，把它变成"赞助商内容"，就可以增加你瞄准目标族群的准确度。你平时可以针对女性发文，但是用"赞助商内容"可以针对喜欢文艺或爱听乡村音乐的女性。如果你发现自己的粉丝中，很多人喜欢起源于伦敦南部的电子音乐——重音回响（Dubstep），就可以在帖文中提到传奇DJ史奇雷克斯（Skrillex），把帖文送到粉丝的动态消息上。如果你的帖文是以嘻哈（Hip-hop）为主题，可以先看看你的粉丝中，有谁常听A$AP Rocky或其他嘻哈歌手的音乐，并且只针对他们发送帖文。知道这种小细节，就可以针对粉丝的喜好设计内容，让你挥出击垮对手的右勾拳。

低投入，高回报

"赞助商内容"是目前最好的广告途径之一，它不会多花你一毛钱，真的是一分钱一分货。Facebook在计算你的"赞助商内容初始价值"时，会考虑你在吸引目标族群时，需要面对多激烈的竞争，以及你的竞争对手愿意花多少钱。在这个起始点上，你再和Facebook谈，你愿意为了点击率和曝光度花多少钱。但实际上，你未必会付那么多钱，因为如果你的广告做得够好，足够吸引人，Facebook就会认为你的广告比竞争者那些没人看的帖文更有价值。一旦他们认为你的帖文表现很好，吸引人点赞、互动，就会少收你一点钱。此外，当Facebook发现用户在帖文下与你互动，就会让更多人看到那则帖文，因为显然它会增加动态消息的质量和娱乐性。然而，一旦大家停止关注，Facebook就不会再把它当成"赞助商内容"了。虽然核心粉丝还是看得到那则帖文，但它会自然凋零，被Facebook归类为不重要的动态。当然，除非你坚持在它身上花更多钱，但你为什么要这么做？你势必要付出更多钱，却依然效果不佳，Facebook基本上就是希望利用这样的方式，降低营销人员宣传坏帖文的效益。

你知道Facebook有多么在乎用户的体验吗？如果你付钱打一则不好的电视广告，只要你肯花钱，它的确会一直重复播放，卖广告时段的老板不会看着你的作品说："唉，抱歉我不能收你钱，这种广告放到电视上不会提升你的业务量。"但Facebook会这么做，不是因为它心地善良，愿意保护你，而是它够机警，知道要提防你。对Facebook而言，你的好帖文对它是有益的，但只要用户开始觉得自己每次上Facebook都在看废文，Facebook就会受害。

如果电视台让营销人员看数据，证明他们每次播出烂广告，消费者就会关掉电视的话，那我相信，之后电视广告的质量会好很多。这就是Facebook和其他新媒体可以为我们做的。理想状态是，当Facebook告诉你，没有人在跟你的"赞助商内容"互动时，你就要停下来，想办法修正这条状态，或是直接放弃它。Facebook没办法告诉你，这条状态为什么没有效果，你必须要利用它给你的数据，自己去分析。

新媒体让我们看到消费者的实时反应，逼我们变成更好的营销人员、策略家和服务提供商。一般来说，新媒体开出的价格都非常低，或许不像新媒体刚出现的时代那样便宜，但绝对比电视广告便宜很多。不信你可以去试试，有没有电视台、广播电台、报纸、杂志或户外广告供货商，像Facebook一样，允许你免费发一些有创意或针对特定族群的帖文，测试营销内容。

说到底，Facebook在打广告上改变，只是改变你和Facebook合作时需要支付的金额，而不是说故事的方式。如果你懂得怎么使出对客人有意义的直拳，让他们看漫画、玩游戏或看其他帮他们逃离现实生活的帖文，轻松一下，吸引他们在你最后使出右勾拳提出请求的时候，帮助你提升业绩，那你就赢了！相反，如果你不懂这一点，就必输无疑。

不管Facebook怎么做，最后制胜的关键，还是你的内容。你可以赞助一则废文，它不会提升你的销量，但你最好永远都别这么做。不然，在你发免费动态的时候，Facebook社群就会自动将你过滤，你会发现一直只有

3%~5%的人看到那条帖文。如果有更多人在和你的某条帖文互动，你就知道那篇帖文的内容是好的，是你需要赞助的动态。如果你发了一则动态，却没有人注意，那你就要修改一下，或是想新的东西。Facebook让你不需要冒险就能确定，你投资的是对公司有帮助的东西。

未来可能会改变，或许有一天Facebook会决定用用户的购物行为来决定粉丝对帖文有没有兴趣，把购买的重要性看得比留言、赞或分享更高，毕竟人家想买你的东西，显然代表他们想看到你的帖文。到那时候Facebook就不只是一个"直拳平台"，同时也是一个"右勾拳平台"了。要是那一天真的到来，我相信到那时候，Facebook还是会想办法像控制"赞助商内容"一样，控制右勾拳，因为Facebook绝对不想成为一个纯粹的右勾拳平台，那会要它的命。

我给营销人员的建议是，不要再抱怨了，赶快开始规划、创作有价值的微故事，让你成功接触到Facebook小心翼翼保护的顾客吧！多一点创业者的精神，去想想要怎么利用这个系统，用小投入赚到最重的一拳。在Facebook上，你可以用其他平台无法提供的方式创新。

要怎么做？接下来的几页，我们会看到Facebook上非常成功的个案，还有搞笑的失误。

请特别注意

以下的个案评论是我依据多年经验提出的个人想法，我不知道任何公司的计划或是原始意图，只是就我看到的评论进行分析而已。

Air Canada
加拿大航空：白白浪费一个好主意

Air Canada · 494,738 like this
March 20 at 1:45pm ·   👍 Like

我们的第一位空姐露西·加诺·格兰特（Lucile Garner Grant）于3月4日辞世，享年102岁。我们诚挚地向她的家属致哀。露西有一颗冒险家的心，我们很荣幸曾有她陪我们走过一段时光。
http://aircan.ca/SMjvQL

声名鹊起：环加拿大航线（Trans-Canada Air Lines）雇佣的第一位女性，加诺·格兰特，她从1938年担任空中乘务员，一直到1943年。她曾经为了从电台获取天气预报，独自乘坐狗拉雪橇从机场赶往不列颠哥伦比亚省的纳尔逊堡（Fort Nelson）。

露西是加拿大航空成立以来的第一位空姐，于1938年加入加拿大航空，直到1943年退休，并于3月4日辞世，享年102岁。露西的故事很适合搭配直拳战术，是加拿大航空拉近它与40万粉丝之间关系的大好机会，但他们却让煮熟的鸭子飞了。加拿大航空对她致敬的方式，是放上她的照片，并附上链接，连到《航空杂志》半年前对她的专访。

他们失败的原因如下：

>视觉效果不佳；

>字太多、太冗长；

>这应该是一则以图片为主的动态，而不是一则附链接的帖文。

加拿大航空只要多花一点时间处理视觉效果，就可以带来很大的改变。多数人看到露西这张大头照，都会希望自己102岁的时候跟她一样漂亮，但是当这张照片被两大段文字夹住的时候，效果就降低了。一般人用移动设备上Facebook的时候，都习惯很快地向下滑，加拿大航空不应该奢望大家有心情看这么多文字，他们如果是上传一张照片，做成照片帖文，效果就不同了。

上传加诺·格兰特女士的遗照后，在图片上方公布她过世的消息。这样，加拿大航空就能凸显这张照片，同时解释这张照片的新闻点。他们不应该在照片的左右两侧放太多东西，摘录一句专有内容即可【例如"一颗冒险家的心（An adventurer at heart）"，或是关于狗拉雪橇的故事】，再配上文章链接。

这就是一则标准的"微故事"——精简、吸引人、实时、定制化。整则帖文的版面足够大、足够吸引眼球，让人在滑过实时新闻页面时，忍不住停下来惊叹一声："哇，102岁？加拿大航空的第一位空姐？"甚至会点链接继续看完整个专访内容，而专访内容会带读者回顾格兰特有趣的经历，吸引读者分享链接。

如果加拿大航空针对图文做些细微调整，读者就会给他们更多时间，听他们赞扬自己的员工，并聆听品牌故事。

Air Canada · 396,299 like this
March 20 at 1:45pm ·

Like

我们的第一位空姐露西·加诺·格兰特，于3月4日辞世，享年102岁。我们诚挚地向她的家属致哀。露西有一颗冒险家的心，我们很荣幸曾有她陪我们走过一段时光。
http://aircan.ca/SMjvQL

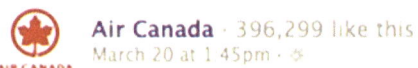

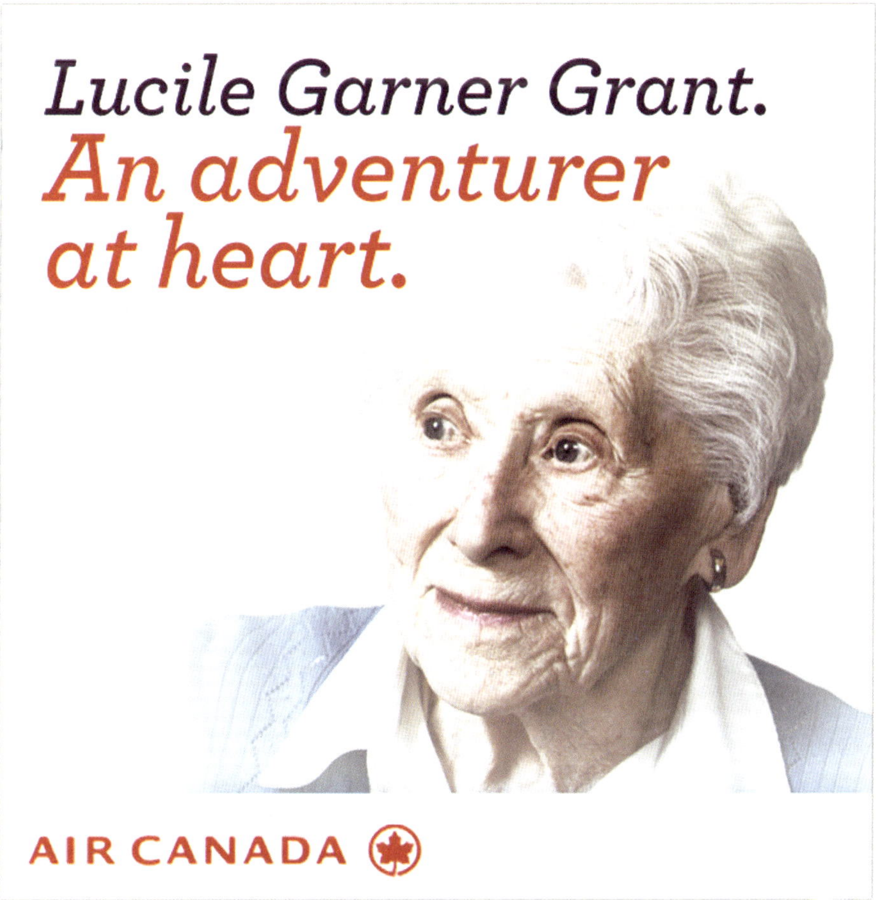

JEEP
吉普汽车：营造适当的情绪

这张照片完美呈现了吉普的品牌形象，没有哪个代言人比照片中的漂亮少女更适合吉普，她的太阳眼镜配上飘逸长发和灿烂笑容，让大家联想到夏天、欢乐和自由。最棒的地方在于这张照片并不属于模特儿，而是一个名叫梅根·布莱恩特（Megan Bryant）的吉普粉丝，她自拍了这张照片并上传到Facebook。照片中的动作和情绪令人叫绝，值得仔细研究。这张照片只要看一眼，就会燃起你拥有吉普车的欲望。

唯一一个小缺点是应该要让读者更容易从这张照片里看出"这是吉普"。可以考虑把商标放到照片上，只要做出这样简单的调整，吉普就能击出漂亮的一拳——宣传力强的图片、品牌商标和绝佳的配文一次到位。撇开这个小缺点，恭喜吉普做出这么漂亮、有人性又完美执行的一记直拳。

Emrcedes-Benz
梅赛德斯·奔驰：伟大的产品值得更好的营销

我们说即将上市的2014年S-Class车款会"活化舒适感",这是什么意思呢？如《福布斯》杂志所形容的,座椅的热石式按摩功能"就像真人按摩",您专属的奢华真皮坐椅是一项科技的展示品,椅背内有14个气囊用来加温并通风,以上这些仅是《福布斯》杂志指出S-Class会为整个产业创立新标杆的几项科技实例。阅读《福布斯》杂志的完整评析,并告诉我们您的想法:
http://mbenz.us/17bxhff

另外一家车厂采用比吉普汽车更传统的营销手段,它贴出自家产品的照片——漂亮又奢华的高档汽车,产品价值不言而喻。但很不幸,奔驰把接近右勾拳的重直拳,变得软弱无力。原因如下：

>字太多：奔驰明明只需要一行文字形容车内华丽的装饰,并附上链接,带读者前往《福布斯》杂志超棒的文章,告诉读者他们需要知道的内容。它却选择用没人想阅读的文字叙述,拖累了极其有质感的照片,令人惋惜。

>行动呼吁手段粗劣：此外，他们把行动呼吁的链接摆在一长串文章的后面。这是何苦呢！明明文字越少，越能凸显《福布斯》杂志那篇充满赞美的文章链接，但他们却让链接隐没在一大堆文字中。

>没有商标：如果只是看到那台超华丽的汽车图片，而不看发文者的头像，你无法知道这台车是哪个品牌。实际上，确保奔驰的商标有品位地出现在照片上的某个地方，既不会降低照片的格调，也完全不费工夫。

Subaru
斯巴鲁：新手上路

我实在太不喜欢这则帖文，不满意到我甚至都不知道该从哪里开始评论。

>**无聊的内容**：跟奔驰一样，斯巴鲁分享了对新款汽车的评论。不同的是，奔驰讲得太多，而斯巴鲁说得太少。内文长度是理想的，但至少应该点出这则评论是好评吧。重点是他们错失一个让粉丝期待并继续往下读的机会。

>**糟透了的照片**：除非斯巴鲁不只想卖车，还要卖车旁边那条马路，不然那一片潮湿的道路没有理由占据大半个画面。斯巴鲁的车已经远到快跟在水面上漂浮的帆船一样小了。

>**没有商标**：这张照片完全无法吸引人的目光，就算有人碰巧看见了，这张照片上也没有任何商标告诉读者，这部车有什么值得注意的地方。

我想不出任何办法把这堆废铁变成金矿，硬要改的话，可以使用《消费者报告》(*Consumer Report*)的标题，配上品牌商标，稍微裁剪一下图片，或许还勉强算是一记直拳吧！

Victoria's Secret
维多利亚的秘密：精通平台语言

这张营销力十足的照片，显示维多利亚的秘密很懂得创作为平台量身定做的内容。

>戏剧化的图片：模特儿身后的羽毛显然不是唯一抓住读者目光的物品，让读者停下手指的，是模特儿身上让男人深爱、让女人羡慕的部分。除此之外，维多利亚的秘密还确保照片的整体设计，就像照片主角一样吸引人，整张照片的大小足以占满手机和个人计算机屏幕，黑白两色增加戏剧效果，模

特儿的羽毛上那串粉红色标语，就像她的乳沟和美化胸线的蕾丝一样吸引眼球。维多利亚的秘密用尽全力，就是不让任何人在众多实时动态中，忽略这则广告。

>**善用文字**：文字标语靠近图片中心，如此一来，就算是在移动设备上浏览，也不会因为图片被裁切，而把标语一并裁掉。动态内容的长度和语调都十分完美，内文精简而直接，引号内的字让人会心一笑，更添人性和幽默感，这都是品牌新媒体营销中很重要的一部分。

>**适当的链接**：在"点此申请"之后，维多利亚的秘密附上了链接，直接带你到天使卡的申请页面，迅速、简单地销售。放对链接这么直觉的事情，还需要特别嘉奖吗？你会很惊讶有多少公司会在挥出一记漂亮的右勾拳后，附上的不是直接购买商品的页面，而是官网首页的链接，你们是需要让顾客花大量的时间浏览整个网站吗？稍后提到的鳄鱼T恤（LACOSTE）在Twitter上的推文，就是个很好的反面教材。

Mini Cooper
宝马迷你：激发冒险精神

> **表达方式极佳**：我很喜欢这则动态的表达方式，短短两行字却能向你提出保证：只要坐上宝马迷你，冒险就在前方。你可以到瑞士！开敞篷车！驶过皑皑白雪！光是想象在雪地里，把车子的篷顶放下就觉得很让人好奇，让读者说什么都想点击链接，看看宝马迷你如何带给你一辈子一次的超酷旅行。底下那句"'包'你温暖"，提示我们只要点开链接，就不会再怀疑这趟雪中之旅有多舒适，加深我们的好奇心。点开链接后，你会看到一篇文章，告诉你只需要一副雪镜和宝马迷你的保温皮椅，就能敞篷大开地驶过高海拔雪地，过程就像开上加州的高速公路一样舒适。

> **少了品牌商标**：虽然宝马迷你没有在这则Facebook动态上放上商标，但因为他们的车非常有辨识度，就算这张照片是从后面拍的，一样很容易辨识，所以我认为这并不算太大的失误。但我还是希望有宝马迷你公司的人看完这本书，学到把商标加到微故事上的技巧，因为他们只要做到这点，直拳技术就近乎完美。

干得好，宝马迷你！

ZARA
飒拉：诱导式营销（Bait and Switch）

ZARA在Facebook上有1900万的粉丝量，势力庞大。但它为什么会想要发这种没人看得懂的废文让粉丝失望呢？让我们来分析看看，这则动态为什么是在浪费品牌跟粉丝的时间。

>**不适合移动设备**：我得眯着眼睛，才看得到图片旁边、标题底下那行字。图片正中的手机下面，是不是有两只小虫子？如果不把屏幕拿近一点，根本看不出来最中间那坨黄色的东西是便签纸。用电脑看尚且如此，如果是用移动设备的话，几乎不可能看到这些图上的文字。

>好的文案：至少ZARA的文案是好的，"快下载ZARA App！"简单明了，一语道破所有你需要知道的事，那就是ZARA有应用程序了。非常好，我该去哪里弄到这个应用程序啊？有链接！让我来点开看看，点进去以后我就可以……在ZARA的官网上购物。但是我想要的是下载应用程序啊！这不是你刚刚才公布的东西吗？你的应用程序在哪里？ZARA，你在搞什么啊？

公司的链接越常把消费者带到对他们没有价值的地方，消费者就越不愿意点公司的链接。这则帖文这样诱导消费者，短期内会让消费者失望，长期可能会打击ZARA好不容易在这个新媒体中获得的尊重和权益。

Regal Cinemas
帝王影院：利用自身品牌

由于电影产业会不断产出独特影像，他们比任何产业都适合利用自身的品牌。然而，不久前我为了找寻新媒体营销的机会，大量分析电影院的粉丝主页，发现电影院的Facebook动态了无新意，几乎都是在推销电影订票网站Fandango的电影票而已。然而，帝王影院反其道而行，让两个电影角色相互较劲，击出漂亮的直拳。

> **图片**：帝王影院的营销创意人员，大概在看了几千张剧照后，才挑出这两张照片。他们选得很好，虽然桑顿·梅伦（Thornton Melon）和坦克弗兰克（Frank the Tank）重返校园的时间点整整差了二十年▲，但两个人却意外的相似，像一个模子刻出来的。

> **内文**：这则动态的内文跟图片上的文字没有重复，相反地，图片标题抛

你更愿意和谁成为大学室友？
请谨慎选择，桑顿·梅伦还是坦克弗兰克？

▲ 桑顿·梅伦为1986年出品的电影《大儿子小爸爸》（*Back to School*）的男主角，由罗德尼·丹泽菲尔德（Rodney Dangerfield）所演；坦克弗兰克为《单身男子俱乐部》（*Old School*）的男主角，由威尔·法瑞尔（Will Ferrell）出演。两部电影拍摄的时间相差近20年，内容都与成年人回归大学校园相关。

出问句，内文则提醒我们这两个角色的名字，避免有人对他们不熟悉。如果帝王影院选择直接把角色的名字标记在他们的照片底下，而不是只写"A"或"B"，虽然要冒着内容重复的风险，但可能会吸引更多人。最高原则：让粉丝越容易融入越好！有些人可能没办法马上想到这两个角色的名字，因此失去兴趣，何必冒这样的风险呢？

>**相同错误，没有品牌商标：**帝王影院牢记建立品牌知名度，这点很好，但直接放上商标会比在图片底下放一条广告好，很少人会另外输入电影院的网址，在版面有限的状况下，最好在角落放上品牌商标。但这只是个无关紧要的批评啦！

帝王影院，你们做得很到位，我真替你们开心！

Philippine Airlines
菲律宾航空：索然无味

大家都爱聊美食，所以像菲律宾航空这样在热带地区飞行的航空公司，让粉丝分享自己吃过"最热带的食物"其实是个好主意。问题是有这么好的想法，为什么要糟蹋呢？

>**不懂得利用平台**：在可以分享照片的平台上，想聊食物就应该把那该死的照片放上去，这样才很直观啊！菲律宾航空可以把食物放在自家航空餐盘上拍照，可以放亚洲美食的精美照片，或是玩幽默，放一盘内脏或其他对西方人的味蕾而言，属于热带食物的照片。他们很轻易就可以把这则动态变得漂亮又有趣。

>**语调平淡**：大家一天到晚都在开航空餐的玩笑，菲律宾航空难道就想不出一个好方法让大家认为他们比较懂美食吗？菲律宾航空提出的问题无法引起顾客与公司之间的共鸣，这则动态平淡无奇，全世界任何公司都能发。

>**太多行动呼吁**：最后，菲律宾航空应该要记得"过犹不及"。行动呼吁加倍，会让看的人更不想回答问题。听上去很夸张，但是现在大家疯狂滑动手机，速度之快，连两个问题都嫌多，他们应该分成两则帖文。

Selena Gomez
赛琳娜·戈麦斯：点石成金

你的手指老是和手机黏在一起，何不让他们相互辉映呢？涂上和机壳颜色相同的指甲油是现在最热的女性时尚潮流。在这则帖文中，赛琳娜自嘲"自己跟着群众一起疯"，击出一记机灵的直拳（赛琳娜《星空漫舞世界巡回演唱会》的宣传海报也是金色的，和照片中指甲油和手机的颜色一模一样），她证明自己有办法创造跟照片一样闪亮炫目的效果。

Selena Gomez
男生们，我就是那个女孩，笑
Like · Comment · Share · April 16

>照片：宽大、霸气，非常融入Facebook平台。赛琳娜的手和手机闪亮亮地塞满整张照片，让滑手机的粉丝们立刻上钩。

>文案：名人经常滥用新媒体，他们最常犯的错误就是话太多，但赛琳娜在这则动态中，非常聪明地放上简短又俏皮的文字。

超过6000次分享、22万人点赞，赛琳娜这则动态赞助广告，显示如果你让粉丝觉得你做的一切都是为了他们，他们有多愿意为你推广品牌内容。

Shakira
夏奇拉：了无新意

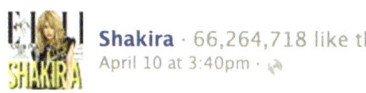

Shakira · 66,264,718 like this
April 10 at 3:40pm ·

👍 Like

• 夏奇拉自创同名香水品牌S by Shakira在巴黎举行新品上市活动，夏奇拉在影片中分享自己当妈妈、录制下一张专辑和在歌唱节目《美国之声》（The Voice）担任导师的心情故事。
• En este vídeo del viaje de Shakira a París, ciudad en la que presentó su fragancia S by Shakira, Shak nos habló sobre su nuevo rol como madre, su nuevo álbum y sobre su participación en el programa The Voice.
ShakHQ

Shakira in Paris – Shakira en París
www.youtube.com
On 27 March 2013, Shakira visited Paris to launch her new S by Shakira fragrance at the city's Sephora store. While she was there, she

夏奇拉有高达6300万名粉丝，这则动态对每一个粉丝还有她自己来说，都没有任何好处。

>**错误的发文形式**：还记得席琳娜的照片如何抓住你的目光吗？这一则动态你却需要眯着眼睛才能看清，因为这是链接帖文，而不是图片帖文。当你附上YouTube链接，Facebook会有一个固定的显示方式，标题、链接、内文占的版面和照片差不多，这样就大幅降低了照片的宣传效果。

>**糟糕的照片**：不过，就算把这张照片放大大概也没什么宣传力，这则动态的重点明明是要卖夏奇拉的新香水，为什么我们看到的图却是夏奇拉跟粉丝拿着她刚签好的球衣在台上合照？让大家看到夏奇拉的亲切、对粉丝慷慨，这很好，但这跟发文目的不符。

>**内文**：首先是英文内容，然后是西班牙文，接着在YouTube预览窗格中，又有说明。这不是小说，这是动态，动态就应该要短。各品牌都可以依据地点和语言调整发文内容，更何况内文平淡无奇，根本不需要在这则动态里打上两种语言。很难想象创立能引领风骚的品牌的夏奇拉，竟然会发出如此无趣的动态。

>**无法跟读者产生互动**：除了大喊一声"谢谢"感谢粉丝按她的Facebook专页的"赞"之外，夏奇拉和粉丝没有其他互动。以一个想卖香水的人而言，这行为还挺奇怪的。

>**影片**：影片长达6分钟，没有任何一个用移动设备上Facebook的人会想看整整6分钟的香水宣传影片，再爱你也不会看！

这一整则动态（你或许没耐心看完）应该要让读者一窥明星旋风式的生活、了解她人性化的一面，夏奇拉的营销团队有很多方法可以达到这种效果，带给她的粉丝一些更有价值的信息。

Lil Wayne
李尔·韦恩：欢迎来到网络垃圾堆

我必须在评论之前先跟韦恩说声恭喜，恭喜他成为第一个成功把Facebook变成MySpace▲的人。

>**糟糕的页面管理**：任由其他人用你的粉丝专页进行自己的业务、经营专页，对特地到你的新媒体来的核心粉丝是一种侮辱，你可能还会让粉丝转而讨厌你，那些不耐烦的留言就是证据："好啦！韦恩，我们知道了！你同一篇文章已经发第8次了……"留言的粉丝应该要等很久才会得到回复，因为李尔·韦恩根本不会来这里。他疏于管理粉丝专页、不清除垃圾帖文又不和人互动，显示他不在乎自己的粉丝，也让粉丝没有理由在乎他，或是再光顾他的粉丝专页。

 Lil Wayne · 46,102,897 like this
April 15 at 5:06pm · 👍 Like

全美最令人期待的音乐飨宴，嘻哈巨星李尔·韦恩、T.I和Future同台演出
第一波售票：4月17日星期三
想要早点拿到票吗？快成为"青年百万富翁"！
想来吗？马上到活动专页报名，让我们看见你！

http://www.facebook.com/event.php?eid=596791870332415

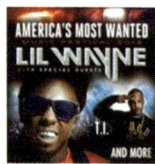 Lil Wayne @ Joe Louis Arena – Detroit, MI
August 9 at 8:00pm
Joe Louis Arena
Join · 840 people are going

> MySpace是一个社交网络服务网站，美国和英国的许多学校与公众图书馆都禁止链接至MySpace，因为该网站已经成为"学生之间八卦传言和恶意评论的天堂"。

我真的很不愿意嘲笑李尔·韦恩,因为我超爱他的音乐,但说实话,像他花这么少时间经营新媒体营销,其实跟街上那些把传单塞到别人车窗前的人也差不了多少。

Moscot
Moscot眼镜：全Facebook最难懂的发文

MOSCOT
X网
以色列
2013年4月

新消息
……继续阅读

Like · Comment · Share · April · ⊙

美国这间小公司在Facebook上的表现通常都很不错，但这则凸显自家产品在以色列网站上受好评的帖文，却出现不少关键错误。

>文字之外，还是文字，文字的问题有一堆： 首先，约翰尼·德普（Johnny Depp）的照片旁边，附有两种语言的图说，包括希伯来文和英文（英文要花点时间找）。Facebook不是让你用文字塞满画面的地方。

>无法理解的文字： 其次，我们直接看到的内文是用希伯来文写成的，某种层面上而言还算吸睛，配上约翰尼·德普的图片，读者可能会想往下看，但不会看太久，大部分粉丝一发现自己完全看不懂页面内容，就会停下来了。这是一间美国公司，大部分的粉丝都是美国人，很少人会再往下找到品牌的大头贴下方的"继续阅读"按钮，点进去看英文翻译。此外，不管是英文还是希伯来文，都不应该在Facebook上发超过1000字的文章。

还有一点，不管是这则动态还是Facebook专页上的任何东西，Moscot都会自己点赞，这真的超级无聊。Moscot，拜托你别再给自己点赞了。

Unicef
联合国儿童基金会：一口气说太多、讲太快

UNICEF

想知道凯蒂·佩里最近做些什么吗？

她跟我们到马达加斯加，希望唤起大家对世界贫苦国家儿童的重视，这群孩子正逐渐从政治冲突中恢复。

"我在这不到一个礼拜中，从拥挤的城市贫民窟到最偏远的乡村，触目惊心，看到这个地方有多么需要健康的环境——营养、卫生，还有避免强奸和虐待的措施，这都是联合国儿童基金会介入协助的部分。"

我们知道透过她的到访，能让更多人听见马达加斯加的孩子们的需求。

请把这则帖文分享出去，或在底下快速留下一句"谢谢"，或任何留言，协助我们把消息传播出去。

谢谢你，凯蒂！

© UNICEF/NYHQ2013-0169/Holt
Like · Comment · Share · April 7

这则以名人为中心的发文，显示了"忽略细节确实可能毁掉你的内容"。

>**好的意象**：联合国儿童基金会在意象上下很多工夫，他们一一检视流行文化名人，选中了最佳代言人——美国女歌手凯蒂·佩里（Katy Perry）。照片中的凯蒂挂着灿烂微笑，身穿基金会上衣，跟乡村女孩玩跳绳，十分吸引人，可以提升品牌知名度。

>**笨拙的内文**：这篇帖文的问题出在文案上。第一句话写着"想知道凯蒂·佩里最近做了些什么吗？"，好问题！振奋人心，吸引粉丝，但基金会用答案毁了这个问题。

这则动态应该就停在第一行文字，并附上链接，让问题悬在那里，更能吊足读者的胃口，引诱他们继续跟着联合国儿童基金会沿路放置的"数码面包屑"，像童话故事《糖果屋》（*Hänsel und Gretel*）中的小孩一样，一路走到基金会官网，看基金会描述他们在马达加斯加（Madagascar）和其他国家做的各种人道活动。直接把答案放在帖文上，破坏了整则动态的活力跟设计感。

这是一记擦身拳，不过只需要转个小弯，这记直拳就能命中靶心。

Land Rover
路虎：你是要去哪里？

我第一次看到路虎这则帖文，就想把它给删了。但我又仔细多看了几眼之后，才发现它背后的意义，我开始怀疑这则动态的问题，是不是应该归结于企业不愿意全力支持创意团队的努力。

 路虎
我们几乎完成了最新的策划案了，缺少的最后一部分，是你！请寄一张你的大头照片（护照规格）到landroversocialmedia@gmail.com，就有机会成为主角。

有关我们的更多内容，请访问http://ow.ly/hclyo
Like · Comment · Share · March 5

>**没有标明品牌**：我没有别的意思，但是整体执行的方式很奇怪。想象一下你在即时动态上看到这则帖文，你看到一个女生拿着望远镜盯着你看，但图片上完全没有品牌商标，也没有明显的文字说明，你如果不停下来看一下下面的文案，根本不知道这则动态想表达什么。

>**错误的链接**：我们知道这是路虎的动态，知道他们有特别的策划案：他们希望读者把大头照片寄到landroversocialmedia@gmail.com。文字够短又有重点，这方面他们做得不错，但接下来，他们意外地做出了草率决定：为什么不是用路虎的内部信箱@landrover，而是用Gmail？此外，读者根本不知道他们所谓的"护照规格"是什么，因为他们用的那张照片，一个半张脸被望远镜遮住的女生，根本不符合"护照规格"。不过也许规格根本不重要，因为点开下面的链接，我们看到更多关于这个策划案的内容，完全没有提到对护照规格的要求。

>**链接连不到网站**：上述缺乏统一性的问题跟最后一个问题比起来显得微不足道。最惨的是这个链接把我们从一则Facebook动态直接带到……另一则Facebook动态。这件事情显示创意团队并没有得到足够的金钱或管理上的支持，他们连好好为这个策划案架设网站都做不到。

如果是新创公司展现充满斗志的企业家精神，以有限的资源成就策划案便值得推崇，但像路虎这种贩卖高价产品的公司，不应该出现这种情况。

Steve Nash
史蒂夫·纳什：令人失望地离开

 Steve Nash
April 10

快点儿在你的日历上做好标记——慈善足球赛又回归了！纽约场次一如既往，定在NBA选秀夜的前一晚，是6月26日，星期三。7月17日，慈善足球赛将来到洛杉矶，这时我们第一次在洛杉矶举办，快来看几个我最喜……继续阅读

 **Steve Nash**
April 10

快点在你的日历上做好标记！慈善足球赛又回归了！纽约场次一如既往，定在NBA选秀夜的前一晚，是6月26日，星期三。7月17日，慈善足球赛将来到洛杉矶，这时我们第一次在洛杉矶举办，快来看几个我最喜……继续阅读

我把这则动态当成书中案例的原因很可能只有一个，那就是我亲爱的朋友奈特（Nate）超讨厌纳什，因为纳什在2013年背弃了奈特最爱的菲尼克斯太阳队（Phoenix Suns），转到了洛杉矶湖人队（L.A. Lakers）。而我也很高兴可以借出书的机会来调侃一下纳什。但客观来看，纳什的这条帖文也确实是很糟糕的帖文。

到目前为止，纳什一直把新媒体经营得挺好的，他懂得尊重各个平台，也知道怎么抓住粉丝目光，但他这次实在太失常了，让我忍不住怀疑他是不是在菲尼克斯有很强大的新媒体顾问，却没有一个肯跟他到洛杉矶。这则帖文的目标是宣传史蒂夫·纳什基金会（Steve Nash Foundation）的慈善足球赛，这场慈善足球赛请到世界各国的足球明星和美国NBA球员同场竞技。

>没有为平台量身定做：任何人来到纳什的粉丝专页，就会被邀请到史蒂夫·纳什基金会举办的"SHOWDOWN"，如果他们是用手机看的，那他们就只能看到"HOWDOW"。你必须要很清楚更新动态的艺术，显然纳什的公关团队中，有人不了解这一点。

>坏掉的链接：动态上的外部链接没办法打开，代表纳什期待自己的粉丝手动把链接复制、粘贴，连到慈善足球赛的网页。我向你保证，绝对没有人会这么做，真的可惜了那么漂亮的网站，还有整个活动背后酷炫的"美意"。

>没有管制垃圾留言：最后，我们又碰到垃圾留言了。留言串中充满废话，就是有一群人跟瘟疫一样，喜欢用明星的粉丝专页替自己或公司打广告。粉丝专页的管理员应该更努力拦截这些垃圾回应。

这些错误只能归咎于不细心或是懒散，纳什的粉丝值得更好的动态。

Amtrak
美国铁路公司：化腐朽为神奇

我每次都搭美国铁路的火车，而这则Facebook帖文让我庆幸自己是他们的客户。我爱这则帖文，这是我这么久以来看到最好的直拳之一。最棒的是，他解开了我的疑惑，让我更清楚新媒体能做什么、不能做什么。

>把"腐朽"巧妙利用：两张火车座椅，就这样，无聊、容易被遗忘，你要超级聪明才有办法把这种照片变成有趣、激励人心的帖文。我通常把像这两张椅子一样的材料称为"腐朽"——老是在你身边、你或许已经视为理所当

然的东西。

>**游戏化**：美铁不只善用腐朽，还把它游戏化。标注你理想中的旅伴——这个有趣、聪明的挑战，触动人心（虽然像这样"大问题"，往往不可能得到可靠的答案）。这种营销手法利用Facebook的特色，每一个收到通知、发现自己被标记的人，会马上看到美铁这个品牌，这是一个增加品牌知名度的好方法，甚至可以对还不是美铁的粉丝的人进行营销。

>**真实性**：很明显可以看出这则动态的确有人在管理，因为当粉丝把贾斯丁·比伯（Justin Bieber）列为自己最想要的旅伴，美铁马上回复："那他的绯闻女友赛琳娜要去哪里？"美铁只用了一句话就让大家知道，它的员工是现代人，和我们一样，跟着时代潮流走，有幽默感，而且真的在乎自己的顾客。

硬要鸡蛋里挑骨头的话，美铁的问题是选了两张很破旧的椅子。这两张椅子上次"翻新"大概是1964年吧！就是它们刚被造出来的时候。这点让我想到很多营销人员对新媒体有所误会，新媒体不是"遮瑕膏"，不管你有多亮眼、聪明或真实，你的缺点都无处可躲。有些人可能会喜欢这种复古风，但是有很多人会觉得这椅子一点都不吸引人，美铁如果能选比较新的椅子或是先后期处理再上传会更好。这个美感上的缺陷，是这记完美直拳唯一的小瑕疵。

Black Berry
黑莓手机：别忽略小细节

我和我的团队想了好几分钟才参透这则动态，我们很喜欢它背后的故事，但也意识到，如果要了解黑莓手机想表达的意义是那么困难，这则故事大概无法勾起群众的兴趣，毕竟多数读者思考的时间不超过一秒钟。

BlackBerry
只要有黑莓平衡服务（BlackBerry Balance），工作和生活是有可能达到平衡的（松一口气吧）！：http://blck.by/Ytb4213
Like · Comment · Share · April 2

> **差强人意的说故事技巧**：我了解黑莓机想表达什么。黑莓Z10双机合一，一个是为了工作，一个是为了玩乐。如果你点开下面的链接，就会连到YouTube上非常炫的影片，具体描述这支手机有多特别。此外，你还会找到另一个链接，连到这支手机的零售网站。然而，虽然黑莓手机选对了图，这张图片会在众多信息中脱颖而出，但是图片本身不足以把故事说清楚。为什么不放一张大人看小孩在足球场上一字排开的照片，配上另一张同一个人在办公室里的影像？在原本这张图片中，你必须要很仔细才会发现左右图的真正差异，而且底下文字写的是"工作和生活要达到平衡"，屏幕的顺序却是左边放生活，右边谈工作，这点做得很随便。最后，人们整天在看屏幕，现在他们要在屏幕上看屏幕？对一间移动设备公司而言，这实在了无新意。

黑莓手机如此努力推销这个产品，在新媒体上说故事是对的，但他们应该更仔细处理执行面上的细节。

Microsoft
微软：乘风破浪

微软随着时代的潮流乘风破浪。看到这么无聊、不性感的公司展现他们有创意、有趣的一面，也挺好的。

>链接用得好：微软这一记振奋人心的直拳是用来推销他们的绘图应用程序Fresh Paint，这款应用程序让你用调色盘在内建模板、自己的图片或照片上"画画"。粉丝只要点击尼莫（Nemo）和多莉（Dory）下方的链接，就可以连到微软两个月前写的博客，继续阅读关于这个应用程序的内容。这则动态告诉我们微软跟皮克斯（Disney-Pixar）合作，在Fresh Paint上设计

出"海底总动员组",里面包含所有《海底总动员》(*Finding Nemo*)的原始图和对应的涂料颜色。微软抓住皮克斯宣布将拍摄《海底总动员》续集的机会,推销自家软件。

>**有品质、价值和真实性**:这则帖文显示微软创意人员的用心,他们留意现在的对话模式,并运用这样的模式与人沟通。此外,影像质量、轻松的语调和带给新媒体的价值,都让这则动态更值得褒奖。不管是在这则动态中,或是在博客上,微软看似是真心为这个应用程序和这部新电影感到雀跃。如果有更多公司可以这样善用Facebook就好了。

Zeitgeist
时代精神：丢失嬉皮魂

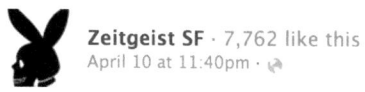

这则动态出奇的糟糕，嬉皮的"潮人"朋友曾告诉我"时代精神"（Zeitgeist）是旧金山最好的嬉皮风格酒吧，但具讽刺意味的是，发文者只要有基本的"嬉皮技巧"，就能轻易避开这记直拳中所有的问题。

>低Facebook价值：首先，这则动态的价值除了把粉丝引导到Twitter之外，没有任何价值。没有内文，只有一堆Twitter主题标签。主题标签已经渗透到我们的生活，人们开始在日常动态甚至对话上，把主题标签当成讽刺的工具，它们是Twitter和Instagram用户的最爱，这两个平台上充斥着主题标签，现在Facebook也想跟进。或许"时代精神"是刻意把"话题"融入发文，但在这里可行不通。

>错误的帖文格式：第二点，这是一则链接动态，而在这则动态发布的时候，链接动态的表现远不如图片动态（虽然未来情势可能会改变）。不过在这个案例中，就算改成图片动态也救不了这则帖文，说不定还更糟。

>糟糕的照片：点击链接后，我们会连到"时代精神"的Twitter页面，"时代精神"在上面推了一张照片，照片背景八成是俄罗斯酿酒厂的品酒活动，一群人坐在一排啤酒的旁边，但是照片既暗又模糊，几乎看不清楚。这有违常理，"时代精神"是嬉皮风格的酒吧品牌，它总是提倡现代科技，而摄影已经快变成一种社交新媒体工具了。这不是一张出色的照片，甚至不是一张好照片，而是你通常会删掉重拍的那种。"时代精神"让这种"次等品"登上自己的专页，等同于宣告自己其实不太懂科技，不如它的客人那么酷、那么嬉皮。这种帖文衍生的意义，可能毁了一家公司。

Tartine Bakery
唐缇烘焙坊：一团焦炭

Tartine是旧金山十分热门的咖啡厅与糕饼店，它出了两本让全美国赞叹、惊艳的食谱。然而，他们的Facebook却显示他们跟其他企业家、公司和《财富》世界500强公司一样，只愿意为自己熟悉的营销平台投资金钱和心力，不愿意把创意和策略应用到当代平台上，即便知道粉丝们都在用这些平台，Tartine依然没有做出调整。这则动态的缺点实在是罄竹难书，多到我得碍于图书的版面大小，而缩减评论。

TARTINE吧（下附链接！）提供：汉堡、奶昔和来福爱心抽奖券（Raffla Fundraiser）▲
http://p0.vresp.com/SrcYLc #vr4smallbiz

>**信息不清**：Tartine Bakery在粉丝专页上发这则动态，其实是为了推销Tartine的姊妹餐厅——Tartine Bar举办的活动。自家店面之间互相宣传没有问题，但是他们应该讲清楚，这不是烘焙坊的活动，毕竟大部分的粉丝到这个粉丝团来，都是冲着烘焙坊来的。

>**诡异的内文**：他们写："Tartine吧（下附链接！）提供……"这是什么奇怪

▲
来福爱心抽奖是美国慈善抽奖活动，规则与一般乐透抽奖类似，但限非营利组织举办，适用法条不同于营利企业举办的抽奖活动。

又糟糕的句型啊！而且这显然在告诉大家，Tartine的人员觉得自己的粉丝笨到不知道文末那串蓝色的外部链接是什么。

>**无关的主题标记**：那个话题（vr4smallbiz，意为"我们的小生意"）是在干什么？既然这则动态不会把我们带到Twitter去，摆这个话题的用意是什么？

>**没有图片**：这则动态的视觉效果差到极点，Tartine要宣传的是以食物为主轴的慈善活动，他们就不能放些美食图片或其他酷照，刺激我们的味蕾、让我们兴奋一下吗？

第四个错误或许能解释第三点，Tartine不只没有附上图片宣传这个慈善活动，看来他们还把原有的图片给删了！当你在动态上打上外部链接，内文下方会自动出现图片预览，但在这则动态中却没有看到任何图片。会发生这种状况只有一种可能，就是有人刻意选择不要附图，如果你在网址列输入那个外部链接，连到活动网站，答案呼之欲出。网站上放着史上最难看的汉堡图片，生菜的形状像恐龙，还是荧光绿色；那片肉，乍看就像几片用糨糊粘起来的紫色莴苣，中间闪着红光，好像即将发生核意外，肉上面还趴着几只荧光绿色的毛毛虫，那八成是酸黄瓜。真的是噩梦，难怪Tartine Bakery不想要那种照片出现在粉丝专页上，但这就衍生出另一个问题：他们为什么不介入，给制作网站的慈善团体一点艺术上的协助呢？

>**页面管理不够**：最后，回到粉丝专页上，动态发文底下只有四则响应，而且全部都是垃圾留言，这无疑是雪！上！加！霜！

Twix
特趣巧克力:找乐子

特趣使出一记漂亮的直拳,但他们没有把品牌商标放在图片中很可惜。我不断重申,消费者滑手机的时候,会非常迅速地滑过这些照片,快到他们很容易看到图片但却不知道是谁发的文。虽然有美中不足的地方,但是特趣巧克力棒实在太特别了,大部分的人应该都能马上认出来,在这种情况下,没放商标也还可以接受。

Twix
如果特趣在森林里被突然折断,而且附近没有人听到,它听上去是否依然可口?
Like · Comment · Share · April 8

>**聪明的说故事方式、坚定的语调、善用流行文化**:之前在电视广告里,经常放送特趣断成两截的清脆声响,在这则动态中,他们利用知名的哲学谜题:"假如一棵树在森林里倒下,而没有人在附近听见,那它算不算发出声音?"加强了故事效果。这是很可爱的构想,内文显示发文者对品牌独特、逗趣的声音很有感觉,特趣在说故事的时候,技巧性地把自己的品牌跟流行文化用语融合,证明了一则能跟读者互动的帖文有多吸引客人。当特趣使出制胜右勾拳的时候,这些顾客应该会很乐于回应。

Colgate
高露洁：毁了一篇好文

> 吸引眼球的内文："你知道吗？"每个字都是粗体，这很吸引我。我会喜欢高露洁牙膏的帖文，或许是因为我从小就是ESPN体育中心（ESPN的SportsCenter.com）的粉丝，而纽约市科尔盖特大学（Colgate University）▲经常出现在比赛中。无论如何，这都是一则短得刚刚好的精简帖文，再次重申高露洁多么希望能在重视健康和全方位生活的新媒体中，扮演重要角色。不幸地，这么好的内文却搭配一张一看就是从图库中抓取的图片。这张平凡、没有特色的照

Colgate
你知道吗？
有研究证明，自愿帮助别人的人，真的会更快乐！

Like · Comment · Share · February 6

▲
Colgate University被翻译为科尔盖特大学，也被译为雷人的"高露洁大学"。这个学校和高露洁牙膏之所以有联系，得益于高露洁牙膏的创始人威廉·科尔盖特（William Colgate）。学校本来是一所位于纽约州汉密尔顿的教会学校，科尔盖特先生在事业成功后就一直不断对这所学校进行捐赠。为了纪念他的贡献，学校便更名为科尔盖特大学。

片，终结了公司加深品牌形象的机会，毁掉了有力的文字开头。

有趣的是，这则帖文最终还是引发了强烈回响，我想这都要归功于文案。高露洁如果把品牌商标跟内文直接放在照片上，或许能获得更多响应，甚至引起流传。不过以现在的样子，这则动态是颇为无趣的。

Kit Kat
奇巧巧克力：时间不对

这则动态近乎完美，只有一个小小的问题，但那个问题却会影响帖文的广度与影响力。

>美感、语调、商标、内文——无可挑剔：2013年美式足球超级杯在星期日举行，这则动态是在赛前的最后一个星期五发的，奇巧的动态有趣又有创意，图片和艺术设计配上完美的宣传语调，让这则全球性的对话多了娱乐效果。奇巧在图片右下角放上品牌标语，巧妙取代品牌商标的功能，这点值得各家公司学习，品牌应该多使用自己的标语，经常将标语融入新媒体营销中。在这则动态发文中，奇巧把自家巧克力用得又巧又显眼，内文、关键句和品牌标语相互呼应，跨越全球文化鸿沟，一体适用，唯一的问题就是帖文时间。

> **未经思考的发文时间**：2013年的超级杯，由巴尔的摩乌鸦队对旧金山四九人队，奇巧发文的时间，是东岸的早上六点，基本上早上六点的发文都会被覆盖掉，因为只有"早起的鸟儿"才能看得到。好吧！或许会有不少乌鸦队的粉丝在进行早晨的例行公事——滑Facebook，在昏沉中看到这则动态，所以不完全算是浪费，但是旧金山四九人队的粉丝呢？换作西部时间，发文时是旧金山的凌晨3点，妈呀！凌晨3点，连我这个夜猫子都睡觉了（当然，如果我家的小Baby允许我睡的话）。奇巧发这则动态的时候，美国西岸没有人在Facebook上，这是品牌因为不了解新媒体用户的心理和行为，削弱营销力道的经典案例。这个个案真的很可惜，因为奇巧在这个营销竞技场上的表现，强到其他公司应该以他们的直拳为典范。

Luke's Lobster
卢克的龙虾店：缺少商标

只有我的老婆莉琪知道我有多爱这家店——我们曾经连续四天吃这家餐厅。路克的龙虾店为这则动态设计了不错的内文，但是一年三百六十五天，这间餐厅的时间轴上几乎天天都是龙虾三明治，如果母亲节能来点有"妈妈味"的东西，效果应该很好。他们错过了这个机会。

还有一个更大的问题在于赶时间、随意浏览的读者，很可能以为这是鳕鱼角薯片（Cape Cod Potato Chips，就是图中的薯片）的发文。很多公司在Facebook或Instagram上发文的时候，会掺杂其他品牌的产品，这件事本身不是问题，但前提是你要把自家的商标放在明显的位置。这点很重要，每次帖文都必须做到。

Luke's Lobster
看到诺亚方舟龙虾套餐时，我们第一个想到的就是和妈妈分享。母亲节快乐！
Like · Comment · Share · May 12

Donors Choose
慈善组织：出色的尝试

很多非营利组织会在新媒体上猛发垃圾信息，比如"李尔·韦恩好帅"（请见前文）。我要求企业的动态要具备某些品牌元素、注重细节，底下这则动态并没有做到。但是大部分的非营利组织都只会挥右勾拳，在Facebook上要钱或邀请大家参加募款活动，让我想特别表扬使出直拳的Donors Choose。他们算是在Facebook上经常发直拳动态的慈善组织。虽然我不了解这个组织，也不知道他们怎么运作，但这则引用名言的状态看起来是恰当的，和他们的目标也有关联。当然啦，这句话很空泛，但谁知道呢，也许他们看了这本书以后就知道要怎么让内容更上层楼。人们一般期待能从非营利团体中感受到最强烈的人性，如果想更上层楼的话，应该多花一点心思管理新媒体（现在几乎没人在管）。

> 孩子们必须学习如何思考，
> 而不是思考什么。
> ——（人类学家）玛格丽特·米德

DonorsChoose.org
Like · Comment · Share · June 3

Instagram
教学个案中的反例

毫无意外地，Instagram的Facebook专页上充满令人惊艳的图片，这则动态中的图片底下，列出一群Instagram用户，他们在威尼斯双年展（La Biennale di Venezia）上，展出自己美艳的作品。然而，这则动态本身却显示Facebook在买下Instagram之后，并没有特别教育新员工如何在自己的平台上，当个好的"说书人"。Facebook的子公司怎么会发这种塞满文字的帖文？这一堆文字像教科书内文一样枯燥，没有任何关键句或亮点，带给读者的感受也和课文相去不远。

 Instagram

意大利的威尼斯每两年都会成为一次全球艺术中心。威尼斯双年展创办于1895年，是世界最主要的当代艺术展览，重要性之高，可说是艺术界的奥林匹克运动会。今年参展的八十八个国家都挑选出最强的艺术家，在国家展览馆跟宫殿中，展出精致的作品。现在展馆已对外开放，预计在11月24日、双年度闭幕前，会涌入35万名游客。
想看双年庆的第一手资料，记得订阅以下几个用户的Instagram用户专页：
巴西艺术家维克·穆尼兹（http://instagram.com/vikmuniz）
美国艺术家汤姆·萨克斯（http://instagram.com/tomsachs）
法图艺术家JR（http://instagram.com/jr）
独立记者艾端卡·福波（http://instagram.com/moscerica）

Photo by @giariv
http://instagram.com/p/Z-vf5UxqeE/
Like · Comment · Share · June 9

Cone Palace
甜筒皇宫：美味绝妙

我要感谢甜筒皇宫给我这样一个机会，将我对微故事的评论深入化。甜筒皇宫是一家位于美国印第安纳州科科莫（Kokomo）的快餐店。我没有吃过，所以不能评论他们的食物，但是如果老板对食物品质和口味的坚持和建立营销策略一样用心，那就不难理解他们为什么能至今屹立不倒。

"甜筒皇宫"一创立Facebook粉丝专页，就通过大型宣传活动和关注即得九折优惠的通知，吸引了约两千名粉丝的加入。人们加入粉丝专页，可能只是为了成为新媒体的一员，但是他们选择留下来，大概是因为这个专页能提供好的动态。甜筒皇宫的发文标准很高而且明确，他们发文前一定会问自己："假如我是读者，我会分享这张照片吗？"如果答案是否定的，他们就不发那则动态。这点值得所有营销人员效法，千万不要觉得客户的标准和期待会比你自己来得低。

甜筒皇宫的发文并不复杂，只有两种类型：他们食物的照片，搭配文字宣布特价餐点或新餐点；或运用地区性事件（包括人们的生日）、天气、节假日来为他们的发帖提供上下文背景。极度推崇数据分析的人或许并不喜欢甜筒皇宫的这一套理论，甚至于甜筒皇宫自己对投资回报率的计算方式也不科学且不专业，但是当他们贴出汉堡和薯条的照片，粉丝就会留言说自己"已经迫不及待要吃午餐"了。从这点看，我们下结论说甜筒皇宫的营销内容有效地提高了销售额，应该也不为过。

那么他们上传了哪些内容呢？最初，他们的员工用iPhone给自家的食物拍照。但后来，他们发现，只有放上品质特别好的图片时，才能引发粉丝的关注和互动度的提升，所以后来他们请来了专业摄影师为他们拍摄所需要的照片。

我不敢说每一家公司——尤其是家庭小作坊式的公司——都需要雇佣一个专业摄影师为它们的新媒体拍摄照片，毕竟这样做成本太高，不过我私下期待每间公司都能这么做。事实上，它们可以采用一些新的方式，比如以物易物就是个好办法。回想起来，我当年经营酒类生意的时候，其实也可以用红酒交换摄影师的专业，请他替我拍摄酒标。手工鞋作坊、律师、电工或者房屋中介这些规模不大的公司，其实也可以用产品或服务来交换另一种产品或服务，就像专业摄影一样。专业摄影是很好的投资，可以带来明显的不同。之后我们会说到的Arby's快餐连锁店在Pinterest上的三明治图片，你可以对比一下，然后判断你会选择去哪一家。

不过甜筒皇宫做得还可以更好。当一艘香蕉船骗过人们的动态新闻页面时，如果图片底部或者左上角有甜筒皇宫的商标，能够让消费者更容易识别。这件事我都讲得腻歪了：记得在你的照片中加上品牌商标！！！

甜筒皇宫已经走过了半个世纪，而且他们总是不断创新、进化，让我们为它点一个"赞"！

Reggie Bush
雷吉·布什：说人话，有人味

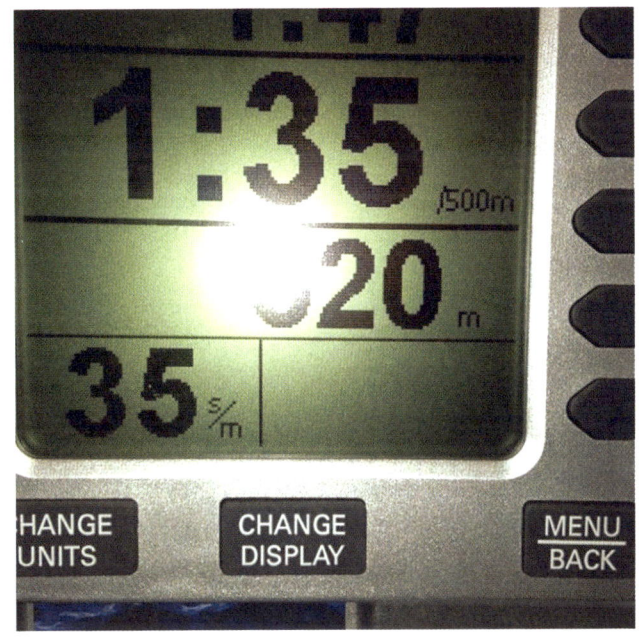

Reggie Bush
如果你对划船有点了解，还是我今天的战绩，不错吧？
Like · Comment · Share · April 12

开门见山地说，要不是雷吉·布什已经从美式橄榄球联盟NFL的迈阿密海豚队转会去了底特律雄狮队了，我绝对不会用他当例子。我超讨厌海豚队，不过反正他现在在雄狮了，我就可以跟他来个友谊的握手了。

每一个名人的Facebook粉丝页都应该像他的一样，充满人情味和同理心。我很喜欢雷吉的Facebook时间轴，上面满是激励人心的引言、家庭照、对他崇拜的人（不一定是名人）大声表白、个人反思和乡间小语。他全力经营Facebook内容，让他在网络上看起来格外人性化。这个个案中的照片并不完美，其中一个数字被光点盖住，但他善用这张照片和新媒体用户互动，把它转变成完美的直拳，为未来将击出的右勾拳累积能量。

我想送个礼物给较早读这本书的朋友。2013年12月16日，星期一晚上，雷吉·布什有一场球赛。如果你在那之前读到这篇文章，请在日历上标记这场赛事，看完后，请在Twitter上用#JJJRHreggiebush为话题回复我（@garyvee），并告诉我你对雷吉的Facebook动态的想法。我会随机抽选三到四位回复我的朋友，致赠一件他们最喜欢的美式足球运动员的球衣。

在Facebook建立微故事时,请先问自己:

篇幅会不会太长?

内容是否够振奋人心、逗趣或让人吃惊?

照片质量够不够高,是否够吸引人?

品牌商标是否明显?

帖文形式是否适当?

行动呼吁摆对地方了吗?

一般人都会觉得这则帖文有趣吗?

在这个时间,要求大家看这则动态会不会太过分?

ROUND 4

在Twitter上倾听

- 2006年3月建立
- 截止到2012年12月，已拥有美国用户1亿多，全球用户超过5亿
- Twitter的理念，始于旧金山某个游乐场的滑梯顶部的一次头脑风暴会议
- 为了向NBA巨星、前波士顿凯尔特人队球员拉里·伯德（Larry Bird）致敬，Twitter的商标——一只蓝色小鸟的官方名称为拉里（Larry）
- 美国捷蓝航空公司（JetBlue）是率先启用Twitter并进行市场调查和客户服务的公司
- Twitter用户每秒钟能发布超过750条推文（每天超过6500万条）

提起Twitter，就像提到自己的孩子，我总忍不住露出怜爱之情。我从2007年开始用Twitter向外接触客户，自此Twitter成为我生活中的重要内容之一。我非常外向，几小时内就能认识一屋子的人，像我这种人来到"140个字的鸡尾酒派对"，用精简的内容就能迅速和人对话或交换想法，简直如鱼得水。2006年，我第一次在网上讲家族企业——电视红酒图书馆——的故事，当时我唯一能用的平台只有Twitter，如果它要求我像在写杂志专栏或博客一样，创作篇幅较长的文章，电视红酒图书馆绝对不会有今天的成功。限制推文长度正好让我发挥所长，让我能有今天的成就。

这本书的重点是教大家如何精进新媒体内容，然而，唯独在Twitter这个平台上，情境远比内容重要。Twitter是现代人重要的新闻来源之一，我为什么说情境比较重要？因为除了一些例外，像是超级微故事：名为塔达酱（Tardar Sauce）的"不爽猫"（Grumpy Cat），因为它总是一副臭脸，而在网络上爆红。品牌在Twitter上几乎不可能靠内容成功。相反，营销是否成功需要看推文的整体情境多有价值、看你为内容加上多少配备——不管是自创或引用。

进入正式说明之前，我必须特别声明，在我写这本书的时候，Twitter正在做调整。Twitter从行动简讯服务起家，"简单"一直是它最美的地方——推文只有两三行文字，一个链接，有时加上主题标记。然而，Twitter近年开始有了新面貌，它在2012年底并购影音平台Vine时，开始提供6秒循环影片（Looping Video）服务，同时推出其他创新服务，像是Twitter卡（Twitter Card）让你可以直接在推文上附照片、影片和音乐，希望和Facebook、Instagram一样，融合较丰富的视觉效果。这些加强视觉效果的功能，让企业可以在Twitter上使出创新、独特的招式。例如，你可以在推文中放一片拼图，并且宣布只要超过一千人转发，你就会再放下一片，等到所有的拼图都推完了，你会公布谁能得到25美元的消费礼券。在这种为移动设备而设计，又充满惊奇的媒介上，探索新的营销手法，挥出有创意的直拳，应该很有意思。

但这些改变都还处于现在进行时，而且我也不确定Twitter"Facebook化"对那些还没有在Twitter上建立粉丝群的品牌会造成多大的影响，毕竟平台再怎么高声疾呼，也没办法迫使营销人员改变操作平台的方式。不过，我倒希望他们看完这章后会做出改变。

营销人员使用Twitter时，最常见的错误是把它当成通往博客的入口，只贴外部链接，带大家去看另一个平台上的内容。他们还经常在Twitter上自吹自擂，最常见的方式就是转发别人对自己品牌的称赞，我都把这种"自以为谦虚的自夸模式"称为"自夸鸟"（birdiebrag）。这两种右勾拳在适当的情况下确实派得上用场，但现在已经被滥用了。在Twitter上，愿意聆听并给予的人才能得到回馈，而不是那些要求和索取的人。很多人讨论怎么在Twitter上卖东西，却很少人讨论如何提高观众的参与感，读者浏览Twitter时，往往得吞下一堆让人麻痹的右勾拳。然而Twitter是网络上的鸡尾酒派对，是所有平台中参与感和新媒体管理威力最大的地方，认真倾听的人就能创造庞大利益。

编织专属于你的故事

如果说大家上Facebook是为了交换友谊，那上Twitter就是为了新闻和信息。你会在Twitter上看到85个人或品牌异口同声地宣告"布拉德·皮特和安吉丽娜·朱莉之间又有新爱情结晶"，或是"俄克拉何马州再度被龙卷风袭击"。每个人都可以独立报道新闻，所以和你的产品或服务相关的推文，只是大家上线时看到的众多信息中的一条，要让你的推文看起来有特色、能吸引别人注意，就要打造独特的推文情境。Twitter上的实时新闻和新闻内容和传播信息无关，重点在播报方式，新闻本身是没有价值的，但是营销人员如果可以有技巧地编织、阐述、重组故事，用自己独到的方式说给别人听，那就可以讲出比实际新闻更有力、让人印象深刻的故事。

例如，身为明尼苏达州最大城市明尼亚波利斯（Minneapolis）的电影院，你可以发布以下推文："大热！《明星论坛报》（*Star Tribune*）刊登布莱德利·库柏（Bradley Cooper）新片影评。"这是常见的推文方式：内容短短的，附上网站链接就完成了。但在使出直拳的时候，何不多花点心思？与其讲述无聊的事实，何不用不同的说法让人眼睛一亮？把推文改成："《明星论坛报》疯了，这根本是烂片！"附上链接，是不是更有趣？这记直拳会有力得多。批评自家产品会减少销量吗？我在"电视红酒图书馆"上，给过我家很多只红酒负评，这么做反而让更多人觉得我的话值得信任。如果你还是会担心，可以写得委婉一点，留一些回转的余地，例如："《明星论坛报》爱死布莱德利·库柏的全新惊悚片了，但我们觉得这是部烂片！读影评、看电影，不服来战！"接着你就连到博客。在博客上，你不只复制影评，还提供信息，告诉读者你的电影俱乐部每个月聚会的时间、地点。那就会是很棒的一记右勾拳。你把自己定位成有想法、有趣的电影院，提供客人别致的电影欣赏经验，这就是大家想看的故事。

娱乐和逃离现实的"小确幸"，在现代社会的价值远胜过其他事物，消费者想要的不只是信息，而是"娱乐"信息。信息又多又廉价，但用故事包装过的信息就很特别了。品牌应该要用现有的内容来编织故事，让故事很诱人，而不是被动地发一些无聊的内容，感觉像直接端一盘放满芝士的精美食物给读者。

拓展你的世界

发表论述、找到定位、建立风格就能成功对你的追随者使出直拳。但该如何用直拳刺探对你完全陌生的人呢？

Twitter除了给人轻松的行动经验外，还有一个异于其他平台的特点，就是让我们能对全世界发声。在Facebook、Tumblr或Instagram上，要遇到新粉丝或潜在客户只有两种方法：第一，有人在现实生活中——不管是在课堂上、书上、广告上或是实体店面里——遇到并决定要"Follow"你；第二，有人分享你的帖文，他的朋友看见了，觉得很有意思，决定关注你。无论如何，你都被隔绝在外，被动地等对方让你走入他们的生活。就算推出搜索引擎、开放式社交关系图▲，也只是让你接触到公开的故事和对话而已，没办法接触拒绝主动公开的人。

> Open Graph，传统社交关系图，画出人与人之间的关系但仅考虑一般人际连结，Facebook创造的开放式社交关系图则是奠定在传统社交关系图的基础上，考虑用户各种公开信息，包括照片、事件、地点、页面等，所画出的人际网络图，更容易找到人与人之间的交集。

然而，Twitter采取的是开放政策（除了极少数的个人资料）。用户很清楚他们的推文是公开的，而且对他们而言，那正是Twitter的魅力所在。用户渴望吸引目光，享受自己的推文开启一连串对话。来自世界各地的陌生人，或许一辈子都没办法真正见上一面，却可以单纯仰赖共同兴趣，如海马或摔跤，就能在线建立坚实的新媒体。人们喜欢Twitter还有一个原因是Twitter加强了公司客服，只要消费者提到某个品牌，就会得到响应，因为公司也在Twitter上，通过和客人沟通建立新媒体。

然而，现实生活中，上述的公司客服只是理想状态，很多公司还是没有全心倾听人们在网上提到它们的内容，它们放弃对品牌形象的控制权，让对手有机会介入，把对话导向对它们有利的方向。幸好现在有本书详细解释为什么Twitter有办法成为公司最有力的客服工具，以及如何把Twitter变成最佳客服工具，那就是我的上一本书——《感恩经济》。快读，那是本好书！▲

不开玩笑了。事实上，Twitter真的是营销人员梦寐以求的工具，因为它让你主动建立和客人的关系。是唯一一个让你可以直接加入对话，又不让人觉得你是"变态"的平台。在这里，你不需要别人批准，就可以展现你有多在乎某个人、事、物，你随时都可以利用强大的搜索引擎，找到那些发言内容和你的业务相关的人，就算和业务的关联性不大也一样，而且你可以做出回应，在对话中展现你的见解和幽默感，再融入你设计的情境。

卖办公家具的公司，不需要想太多，就可以找到提到公司名称或以下关键词的人：工作、员工、雇主、办公室、书桌、Aeron人体工学椅、制表机、扫描仪，以及其他和办公室扯上关系的关键字词。但是，让我们来想

这记右勾拳如何？▲

想,其他和人产生连接的有趣方法,搜寻提到这些关键词的人:最后期限(deadline)、背痛、荧光、欢乐时光(Happy hour,一般指酒吧、餐厅的优惠时段)、加薪、升职、周末、旋转椅或杂乱。

像上面这样用Twitter搜寻,就可以找到说故事的对象,包括那些本来就知道你,或那些对和你的业务相关主题有兴趣的人。然而,要怎么找到那些只要认识你就会对你有兴趣的人呢?Twitter也给你和他们相遇的机会,但前提是你要知道怎么搭上潮流的顺风车。

拦截潮流

每周七天、每天二十四小时都在聊天的在线文化,让Twitter变成创造实时情境和最新内容的潮流设定者,这些情境和内容会变成和新媒体保持关联的重要推手。这种拦截潮流、独领风骚的能力,是新媒体中最强大的工具,只是大家还没有完全了解它。你可以开一个账号,去追随世界、国家的潮流,甚至地方热潮,学会顺着潮流使出直拳,让你使出的力气更大,也可以依据状况或族群特制内容,借以激起核心追随者以外的人的兴趣,并凸显你在乎这个平台。此外,你还有一个更棒的选择是搭别人的顺风车,仿效他们的内容,让你免于每天找新灵感的困扰。你还是得有原创故事,但是在这个情况下,你的原创性已经转用在设计故事情境上了。

在我开始写这个章节的前一晚,电视上播出《我为喜剧狂》系列影集的完结篇。第二天我上Twitter的时候,就和我预测的一样,《我为喜剧狂》果然成为美国前十大热门话题。在我看来,如果消费者想聊《我为喜剧狂》,那营销人员应该都奋力要把《我为喜剧狂》用在情境上吧!如果你够有创意,在

Twitter上谈一个刚熄灯的电视节目，就可以让你卖出更多糖果、棒棒糖或干酪球。想搭《我为喜剧狂》的顺风车，不能只用明显的关联，秘诀是找到惊人的联系点。例如：七。《我为喜剧狂》这个节目连续播放了七年，你的公司七岁了吗？未来七年，你想做什么？你的公司名称里有七吗？有一个品牌真的有，就是7 For All Mankind，那是一家深受好莱坞名人青睐的高档牛仔服饰店，有些人昵称它为"Sevens"。我很好奇这家店会怎么利用天上掉下来的这份大礼，在Twitter上营销……于是我跑去看了他们最近的推文。

《我为喜剧狂》"熄灯"隔天，7 For All Mankind的Twitter页面（@7FAM）是有一些跟客人的互动，这点比一般企业做得好，值得嘉奖；也有转推别人的夸奖，那就不太好了，因为那是"自夸鸟"的行为，太多品牌在做这种事；还有一些传统的右勾拳，像是"我爱皮衣"配上产品页面链接。但除此之外，我找不到任何东西，以显示这家公司关心时尚界以外的世界。这有点讽刺——还有哪个产业比时尚业更需要追随潮流？美国近十年内最成功的电视节目之一，在开播七年后宣布完结，而7 For All Mankind对此只字未提。他们可以天天和喜欢牛仔服饰的人聊天，但在这个特别的日子里，他们有完美的机会，对不了解牛仔服饰的人说故事，但他们却让机会溜走了。更让人失望的是，他们放走的机会还不止这个。7FAM除了没搭上《我为喜剧狂》的潮流，从之前的推文也可以看出，除了那些和他们相关的新闻，像是抽奖、大放送和特卖会，他们完全没有在关心新闻和时事动态。

7FAM是成长中的公司，它的产品一定很好，不然创业十年来，不可能吸引到这么多死忠支持者，虽然它的Twitter专页缺乏跟潮流的关联性，但它还是很认真和追随者互动，并持续更新产品消息，但那是"Twitter初级班"的行为，是2008年的品牌在做的事，现在他们应该要做更多。它很幸运可以引领时尚（这也是为什么我相信他们能接受有建设性的批评），如果今天它是新创公司或小公司，一直放掉利用时尚或牛仔服饰以外的话题来说故事的机会，可能会伤到自己。消费者的生活不只限于时尚小圈子，为什么服饰店要如此画地为牢呢？

Promoted Tweets广告平台

依据当红话题创造推文情境，唯一的成本是时间，而花钱购买"Promoted Tweets"做广告，也是很好的投资。《我为喜剧狂》最火的那些天，另一个流行关键词是#GoRed，是因为美国心脏协会（American Heart Association）赞助的"全国红衣日（National Wear Red Day）"，希望更多人关注心脏疾病的预防。在话题列上有则广告，汰渍（Tide）洗衣粉写道："再难清除的污点，汰渍都能去除，但那些你想留下的色块呢？"哈哈，颜色！汰渍发现#GoRed是一个宣传自家产品"不掉色"的机会，这个主题标签用得很巧，它是一则微故事，成本低又让人印象深刻。试想，消费者一天花10%的时间在移动设备上，而世界上没有比Twitter移动性更高的平台了。在Twitter上打广告很实惠，Twitter能吸引众人的目光，而在上面打广告的成本和打电视广告的钱相比，只能算是一顿午餐钱吧！汰渍很聪明地把营销费用花在这里，值得其他公司学习，例如：Crayola蜡笔呢？红包（Red Envelope）在线购物？平价百货Target怎么不好好利用它商标上那颗大红点呢？

顺势挥出右勾拳

流行主题可能是人名或时事,但也可以是"Meme",即在大众平台上广为流传的词汇或句型。上述都是品牌和企业可以轻易取得的绝佳故事题材,特别适合地方型公司拿来当素材,用有趣又有创意的方式凸显自己与对手的差别。

我在写这个章节的时候,某一天Twitter上最火标签第五名是#sometimesyouhaveto(有时候你不得不)。这个流行语非常适合拿来当作右勾拳的导言,几乎每个人都可以按照自己的需求套用。

例如:

奶酪店说:"#有时候你不得不来片卡博特精装切达干酪(Cabot clothbound Cheddar)。"

健身房说:"#有时候你不得不把桑拿浴当作一种健身。"

律师说:"#有时候你不得不打电话给律师,请他们解决问题。"

善用主题标签是小公司引起注意的好方法,几万人同时点阅当红主题,他们极可能看到并欣赏你的推文,因而点进你的专页看其他推文,一到了你的地盘,他们就会看到你一系列的直拳和偶尔出现的右勾拳,听你说故事,看完后再决定是否关注你。他可能需要律师,或合理相信自己可能会需要律师,无论如何,你现在都距离在适当时机吸收新客户更近一步。

举个例子,DJ蒙特卡罗(Monte Carlo)在迈阿密工作,我在浏览"#有时候你不得不"当红话题的相关推文时,看到他的推文:"#有时候你不得不原谅那些伤害你的人,但千万不要忘记他们教会你的事。"

那则推文触动了我,让我决定关注DJ蒙特卡罗,从此他的推文就会出现在我的Twitter动态页上,我的同事山姆也看得到。我不爱去夜店,但或许山姆喜欢,或许山姆也决定关注DJ蒙特卡罗,又或许半年后,山姆在Twitter动态页上看到DJ蒙特卡罗使出的右勾拳,宣告他今晚会到纽约市的夜店担任DJ,山姆看到后就决定去了。

懂了吗?这不是什么遥不可及的场景,这就是Twitter文化每天运行的方式。所以你要有创意,在上面玩乐,并且开始尝试即刻创作推文,因为当红主题的生命周期很短,你现在看到的当红炸子鸡,下一分钟可能就变成了明日黄花。

还有一件事情值得注意:不在Twitter最火排行榜前十名的主题,也值得关注。Twitter用户大多是喜欢嬉皮风格的都市人,但他们不代表互联网上的所有人,你也应该注意世界上其他人感兴趣的事。你可以从搜寻Google趋势找答案,虽然它和其他在线数据一样,主要对象还是年轻族群,但是它的母体还是比Twitter大。在2013年美国高尔夫球公开赛(U.S. Open)期间,话题"#usopen"毫无意外地登上Twitter排行榜,作为响应,KPMG Mickelson——菲尔·米克森(Phil Mickelson)高尔夫球帽的官方Twitter账号对这个话题的追随者推荐了一则推文,建议高球迷在父亲节的时候购买菲尔·米克森高球帽,借以捐款支持消除文盲的慈善活动,与爸爸分享荣耀。用的主题标签并非#usopen(事实上,如果他们不是官方活动的赞助商,他们的法务部门可能也不会让他们用这个话题),但是通过技巧性的推荐推文,在大家搜寻这个话题的时候,他们会是第一个搜寻结果。此外,他们用的主题标签"#父亲节"也很棒。▲

> 特别注意Twitter,建议对这个话题有兴趣的人去看美国网球公开赛的专页,而不是美国高尔夫球公开赛的专页。我不确定这是不是代表美国网球公开赛在新媒体上"别有用心",或是美国高球公开赛的负责人太不用心,提交错了文件,或是意味着Twitter的算法有漏洞。

从这个例子就可以看出KPMG Mickelson做到很多其他公司在Twitter上没做到的事——"倾听"。要自创当红主题标签并让群众随你起舞是非常困难的,最好的方法是"倾听",听听看现在的潮流是什么,再走向人群。在这个个案中,高尔夫球迷已经在讨论公开赛了,推荐推文,确保KPMG Mickelson加入讨论,更聪明的是,它还把讨论"父亲节"的人一并带进来了。

在夸奖的同时,我还是要指出两项失误:

1.虽然KMPG Mickelson加入当红话题是正确的决定,他们却在推文中加了一个不必要的主题标签"#PhilsBlueHat"。这个他们自创的主题标签有什么帮助吗?在这则推文发出后的三天里,总共只有三个关注者使用了这个主题标签。

2.推文中的链接不会把消费者直接带到购物页,而是到KPMG的Phil's Blue

Hat网站，还需要多按一个键才能买帽子。在"行动呼吁"后，又多加几步才能让消费者真正行动，这是在浪费消费者的时间。

即使有失误，但不管你是使出直拳或右勾拳，像这样的营销行为仍显示你跟得上时代、有幽默感，更重要的是你在关心时事。在客户决定要跟谁做生意的时候，关心时事所带来的影响会出乎你意料之外地大。

慎用主题标签

选择主题标签的小技巧：不要为了兼顾所有粉丝，把整个句子钉满主题标签。如果主题标签无法融入且不适合你的品牌，那它就不会发挥效果。例如，Twitter是"愤青"的世界，但你的品牌形象是严肃的、有思想的，刻意用主题标签发表讽刺言论，或是忽然用了一个嬉皮词汇，只会让人感觉你很虚伪。耍酷和年龄无关，重点是你的定位有多明确，做自己就好了，不要做样子。不过话说回来，把自己看得太重要也不好，就当一般人吧！如果你不习惯讨论流行文化，就在组织内找"懂行"的人帮忙，或是跟知道怎么讨论这个话题的外部机构合作。但不管你做什么，都要忠于自己，别试着让自己看起来比实际上更酷，不要等到潮流都已经过去一年了，你才开始使用当时的网络流行语。当你的主题标签只是为了兼顾所有粉丝，而不是自然融入推文的时候，你的发文听起来就会诡异而且过时。请注意！记住聆听、娱乐，善用你的幽默感和振奋人心的能力。

创业者和小公司可能一想到要跟上Twitter的速度有多少事情要做，就忍不住怀疑自己是不是该收一收或者直接放弃。他们根本不可能跟财力和人力雄厚的大公司竞争，毕竟人不可能二十四小时工作，总是得睡觉的。没错，要创造实时微故事是大工程没错，新创公司跟小公司需要仔细挑选，看哪些趋势值得他们花钱和时间，但是把力气花在这些事情上，比起呆坐在公司里等客人，对你的获利有帮助多了，而且也比你推一堆大家看不到或不想看的推文有意义。

和大公司相比，小公司的优势在于它的敏捷和真实，而这两者都是在Twitter上成功营销的重点。因为个性不会受到公关公司或法务部门的挤压，你可以更自由地抒发想法，可以在别人意想不到的地方找笑点，也可以自贬。最后那一项的效果好得不得了。我最近在接受《公司》（*Inc.*）杂志访问时承认，我到十二岁还会尿床。你可以想象哪家《财富》500强的企业聊到这么私密、和业务八竿子打不着的事情吗？我也没办法。人们喜欢你承认自己也是人，承认你有弱点。跟那些巨无霸相比，你可能是个瘦弱的小个子，但你这个小个子可能每天三点起床，吃几颗鸡蛋，到健身房运动两个小时，直到竞争的号角响起。大家看得到你的努力，这会带来改变。

把小事做大

想知道什么叫努力，可以看看博客高手利瓦伊·兰兹（Levi Lentz）和绿山（Green Mountain Coffee）之间的对话（揭露：在本书出版时，绿山咖啡是范纳媒体的客户）。绿山咖啡把触角伸出咖啡的小世界，而且还伸得很远，不然就不会看到兰兹的推文："迈克·法兰蒂（Michael Franti）的《说嗨》（*Say Hey*）是我最喜欢的歌之一。"

出乎兰兹意料，他收到绿山咖啡官方账号的回应："我们也爱那首歌！超激励人心的，是吧？"

表面上看来，咖啡和兰兹正在听的动感音乐根本沾不上边，绿山咖啡的直拳纯粹就是在讲故事而已，告诉对方"我们这个品牌跟你喜欢一样的音乐"。但兰兹不知道的是，迈克·法兰蒂和绿山咖啡合作推广公平交易咖啡（FairTrade），这就是绿山咖啡对这则推文感兴趣的原因。不过，无论如何，兰兹没有被突然冒出来跟它讨论音乐的品牌吓到，这其实也证明了大家对品牌主动接触消费者的包容度有多高。

咖啡一直没有出现在对话中，直到兰兹主动提起，礼貌性地告诉绿山咖啡，他才刚开始学着喝咖啡，所以没有喝过他们的产品，但以后会喝。绿山咖啡询问他对咖啡口味的偏好，接着提供他一些建议。最后，绿山咖啡问兰兹可不可以告诉他们收信地址，这样才能寄一张迈克·法兰蒂的CD给他。

兰兹也知道自己被推销了，但他不在意。某个品牌忽然冒出来，向他攀谈，向他提供需要的信息，又主动送他礼物。他当然得为这件事情在博客上发文了。几天后他又发了一篇文章，提到他在信箱里收到咖啡，还有另一个包，里面放着一张手写感谢卡，感谢他在博客上提到绿山咖啡，还有马克杯和几包咖啡样品。

绿山咖啡因为把握住介绍自己的机会，而得到大众的关注，它在陌生人面前，展现自己有个性、讨人喜欢、慷慨，更重要的是"真实"的一面，因此吸引到一个忠实顾客。

好的媒体人都知道，有时候，如果两个人不愿意见面，你得想办法硬是把他们弄到同个房间里，他们才会发现彼此有多适合。公司只要懂得利用在Twitter上"流窜"的新闻和信息，创造好故事，Twitter这个新媒体平台就是有史以来品牌与客户之间最能永葆新鲜感的媒介。

LACOSTE
鳄鱼：自问自答

鳄鱼是个有历史而且经典的服装品牌，我从小就喜欢衬衫上的鳄鱼商标，这阵子我又开始穿鳄鱼的衣服了。重塑自己在粉丝心里的形象不容易，鳄鱼愿意这么做，值得嘉奖，但很遗憾，这是我对他们唯一的夸奖！因为现在看到的这则动态，是这本书中最糟的"右勾拳"。它糟得可笑，我会这么说是因为我看到这篇推文的时候，真的差点笑掉大牙。

>把顾客当自痴：鳄鱼问大家："如果你今天只能做一件事情，你会做什么？"这是吸引粉丝的好方法，也许在平行时空里，粉丝们正在疯狂回应："睡觉""划船""到火星旅游""推动'四界活平'！"▲很可能有人会回答"购物"，那就是品牌直接响应推文者，和客户建立关系的理想时机，是向粉丝展现个性的机会，增加粉丝对品牌个性的好感。但是在这个时空

原句为whirled peas，Twitter的使用者以whirled peas代替同音的"世界和平（world peace）"。

里，那时那刻，鳄鱼的营销人员没有动脑子，所以对话还没开始，他们就自问自答，把对话给结束掉了。这篇推文就像是在说，鳄牌不相信自己的粉丝会给出他们想要的回答。记得，新媒体传播口诀是"我给，我给，我给……我请求"，而不是"我给，我给，我给……我要求"。

>**无意义的链接**：消费者点开鳄鱼的Twitter链接后，看到的不是大甩卖，也不是当季商品宣传，而是鳄鱼的官网首页，而他们的官网在我写这本书的时候，还是个版面呆板、不成熟的网站。就像之前提到的ZARA的例子，鳄鱼似乎觉得所有帖文都应该连到自家官网，把自家官网当成信息中心。看完这本书，公司应该要知道现在已经没有所谓的信息中心了，消费者会从各个管道连过来，强迫他们每次都走同一扇门，只会让他们对你感到厌倦。

我写这本书的时候，鳄鱼有37万个关注，其中有两个人觉得这则推文值得转推，而链接本身只被点击88次，实在是没办法更糟了。就是像这种推文在Twitter上制造不必要的杂音，才会造成好的内容没办法浮上台面。如果我再看到这种推文，我八成会放弃关注鳄鱼，不想再见到它。

Dunkin' Donuts
很甜，但老掉牙了

这是一记讨喜、轻柔的直拳，主角是冰咖啡，内文长度恰当、语调正确，图片也用得巧妙，但我想问Dunkin' Donuts的创意人员，他们怎么会想把自己的冰咖啡杯变成五十年前的古董呢？

>**不合时宜的图片**：图片中的咖啡杯接的是双孔插头，感觉像是老爷爷的桌灯插头，他们如果把插头改成充电器，会让他们的形象感觉比较有现代感。Dunkin' Donuts可能是故意走了复古路线，跟年纪较长的客户群对话，但如果这真的是他们的想法，那他们是在"错的国家"讲"对的

语言",因为生长在双孔插头时代的人,不是Twitter的常客。从20世纪60年代初,美国的新房子就因为安全考虑而安装三孔插座了。既然在2012年格莱美奖（Grammys）得奖名单公布后,"谁是保罗·麦卡特尼（Paul Mccartney）?"▲都能成为Twitter上最热的话题,那么这群不认识披头士成员的用户,看到的动态,八成也不知道杯子后面那一条是什么"鬼东西"。

>还有一个问题：这则推文的署名是"JG",我了解Dunkin' Donuts是想让自己的品牌感觉更人性化,但我认为这是错误的方式。让你的品牌或商标以外的事物在公共平台上建立品牌资产（Equity）,会让公司暴露在风险中,万一"JG"跳槽到星巴克或麦当劳,大家开始问说"嘿,JG到哪里去了?"该怎么办？你的品牌需要统一的门面和声音。这并不意味着,你不感激为你努力工作的人,而是意味着你必须要知道每个人都在尽力为你创建品牌资产,并不是为他们自己。

保罗·麦卡特尼是英国知名摇滚乐手,前披头士乐团成员,1957年后走红。▲

adidas
阿迪达斯：扣篮得分

阿迪达斯经典原创"三草叶"的这一记右勾拳挥得漂亮（是啦，鞋子有点破坏画面，不过……）我喜欢阿迪达斯这则推文，有几个原因。

>**图片很酷：**他们用的产品照片很酷，干净但有爆炸似的明亮色彩，这样的照片会让消费者停止滑手机，乖乖挨这记右勾拳。

>**语调正确：**内文很强烈，有故事性，用品牌的口吻发言，也很符合目标族群的习惯，就连最直接那句右勾拳也维持相同语调："来这里买哦！"品牌的内文通常都会使用适当的俚语和语调，增强宣传效果，但是他们在真正使出右勾拳的时候，会忽然换成正式的官方口吻"您可以来此购买"。我非常喜欢阿迪达斯的做法，从头到尾都用一贯的语调，最后用"来这里买哦"结束内文，接着直接切入重点，连到产品网页，不是官网或是其他次要网页，让消费者免于自己摸索、点击的困扰。

使出直拳战术的时候，你总是希望能做得温柔、细腻，但现在是提出请求的时候，去吧！别害羞，做就对了！

干得好，阿迪达斯，做得非常、非常、非常漂亮！

Hollister
霍利斯特：聪明的策略，糟糕的执行

这是一个非常有趣的案例研究，因为它同时包含了许多聪明的策略，和糟糕的执行。

> **勇敢的创新**：Hollister懂得有效利用网络新潮流的话题来接触年轻族群，为了响应最近蹿红的"扑街"——随便找个地点向下躺平，双手摆在身体的左右，还有它的姐妹词"歇街"——随便找一个地点歇息。Hollister推广了这个词的新变形：卫街（guarding）。你猜动作要像什么？对啊，就是猫头鹰——举起双手放在眼前，假装你拿着望远镜。Hollister的做法是超重的一记右勾拳，直接请

英文单词guarding的解释为监护、守卫、防守。

新媒体里的人标记朋友，参与他们试图引领的风潮。这一击很勇敢，我很喜欢。但问题是，品牌要自创网络话题难如登天，Hollister的做法不够务实，消费者通常也不一定会跟进。整体而言，应该是品牌追随话题，而不是创造话题，不过至少敢尝试，这点值得称赞。

>**笨拙的主题标签**：他们真正做错的是选错主题标签，我第一次检视这则推文的时候，点进它的主题标签#guarding，发现从保安到16岁的篮球员都会用这个主题标签，guarding这个词的构想并非Hollister独创，他们应该选择更有辨识度的主题标签，让更多人注意到这个新潮流。

>**画面太乱**：还有一个问题是他们选择的图片色彩缤纷，但又小又挤，文字全挤在一起，内容太多让读者眼花缭乱。说故事的时候，应该把推文弄得更短、更简单，只需要一张近照让大家看一对帅气男孩，底下附上主题标签就可以了。

Surf Tacos
冲浪墨西哥饼：壮大新平台

这不是史上最好的直拳，但我觉得Surf Tacos的这个案例虽然不会改革新媒体，但仍显示出你能做的最简单动作，而且还可以作为一个不错的个案，让你意识到并非需要不断创造旗舰级的代表作。

>成功跨平台营销：Surf Tacos在Twitter上有6400多个追随者，但在Instagram上却只有500个人关注他们，通过在Twitter上宣传Instagram的照片，他们把较大群的追随者导入小众平台。这种方法值得其他人学习，虽然Facebook收购Instagram后，Instagram和Twitter就变成了竞争者，Twitter取消了和Instagram的无缝连接，用户没办法在Twitter上直接嵌入Instagram的图片，使得在Twitter上分享Instagram的照片变得困难了。然而，每当你想在新媒体上建立社交关系，利用你粉丝最多的平台，把人引到新平台是很重要的技巧（例如，3年前我就建议大家用电子信箱服务，把流量带入Facebook），引导流量在平台间流动，是在新平台上建立品牌知名度的绝佳策略。

>恰当的美感：Surf Tacos也很懂得追求Instagram的美感，这不是特别有艺术性或让人兴奋的照片，但至少他们不是引用图库照片或放上夸大的产品照，他们选择用轻松自然的实景。虽然他们的追随者不多，但这张照片获得了不错的回响，显然引起了读者共鸣。

而且，他们也挺了解Twitter的用户，知道要用主题标签而且用得很不错，不过如果再加一到两个更广泛的主题标签，例如#棒球，以增加曝光度会更好。

整体来看，就一间新泽西的小公司而言，这算是不错的一击。

适当的审美：Surf Tacos也清楚地知道Instagram的审美角度。这张图片并不是特别具有艺术感，而且也没有令人兴奋的镜头，但至少他们使用的不是库存图片或徒有其表的产品图片。这是轻松自然的一幕，而且有可靠的参与群为基础，即使是在一个相对较小的社区内，也与追随者产生了共鸣。

他们对Twitter的用户也有足够的了解，包括标签在内，尽管对Twitter来说，包含一个或两个显著的标签（如"#棒球"）来试图赚取更大的知名度是明智的选择。

总体而言，对新泽西的一个小企业来说，表现得还不错。

Chubbies Shorts
Chubbies短裤：重点在发言风格

新媒体营销成功的三个要件是：了解平台特征、发言风格独特、符合公司目标。这是本书中我最喜欢的微故事之一，在这则推文中，Chubbies三个要件都做到了。

这则推文最有力的是发言风格，从头到尾口吻一致。它的语气年轻、讽刺、让人大跌眼镜又有趣味性——这就是Twitter人想看的。推文本身显示这个品牌很懂这个平台，内文精简、留白，只有两个主题标签，配上一个网络新话题，用幽默的方式告诉大家哪一种物品比较好。个案中，Chubbies把一只叫作保罗·皮卡蒂索（Pablo Picatso）的猫跟竞争对手的其他产品相比较（Gargos）。这是个无厘头又搞笑的对比，但为什么它可以成功，之前提到的Hollister却无法用 #卫街 引领潮流？关键在"主题标签"。除了Chubbies以外，没有人会去创建这两个主题标签：#货物禁运（#cargoembargo）或 #SOTO（太阳出来就该换短裤！Skies Out Thighs Out的缩写），所以可以说Chubbies完全拥有这两个主题标签。这两个主题标签也够特别，让人想跟着用。此外，

Chubbies最后没有放上产品链接,让推文更显完美和统一。

如果希望新媒体为你带来高报酬,就要讲一个好故事让大家想买你的东西。我和我的创意团队对于Chubbies坚持超强语气和他们对平台细节的注重印象深刻,Chubbies提升了我们对它的印象,让我们开始讨论它的短裤、对它着迷,我甚至跑去买了11条Chubbies短裤,送给我的团队,这下范纳媒体团队都要一身Chubbies的衣服出门啦!

Bulgari US
宝格丽：公关公司被自己绊倒

我的父母在20世纪70年代末期来到美国，他们从此爱上宝格丽最佳代言人——伊丽莎白·泰勒（Elizabeth Taylor）。事实上，我敢说"伊丽莎白·泰勒"是我奶奶学会的第一个英文词。因为这段渊源，我对这位饰演《埃及艳后》（Cleopatra）的女星特别有感情，这也是为什么我特别讨厌看到她被"糟蹋"。无疑，宝格丽推文所展示的是个很棒的活动，把两大高档、奢华的品牌结合在一起，但很遗憾，宝格丽在网上不如它在现实生活中那样敬重伊丽莎白·泰勒。

即时事件推文，如果只是让公关公司用来增加曝光度，就会令人厌恶。这则推文就犯了这个问题。这张照片很糟糕，似乎叫个实习生躲在花盆后面都能拍出来。宝格丽公司一整天推送的23篇文章，都值得拿来好好鞭策一番，但这一则又格外值得关注，因为实在糟糕透顶。连要看出这是什么活动都很困难，试试看这样：翻到前一页，再迅速翻回来，你有办法瞬间看懂这张照片在干什么吗？你必须用电脑点进那个链接，才看得出桌上那些花有多华丽，但没有人会浪费这种多余时间，他们也不需要，因为这张照片不管对消费者还是对品牌都没有半点价值。

另外，宝格丽特别提到的那间餐厅，显示这家国际级的品牌足够有气度，公开一家在Twitter上只有200个粉丝的公司，值得嘉许！

Netflix
奈飞公司：简单一点其实也OK

这记直拳执行完美！推文的时间选在Netflix宣布众所期待、使粉丝疯狂的电视剧《发展受阻》（*Arrested Development*）将在Netflix平台上独家播出之后。推文的成功之处，在于他用简单的内容发挥了极大宣传力。

这张照片的内在含义是来自《发展受阻》第三季的最后一集，当时某个角色选择离开自家的家族企业。这则推文很实时又巧妙，"嘿！老兄"（Hey, Sibling）是剧中常出现的台词，这给了Netflix一个机会搭上全国兄弟日（National Sibling Day）的热潮，使用这个节日的主题标签。顺带一提，一年365天，几乎每天都是非国定假期的"某某日"，请善用它们！

AMC
电影院，你在和谁说话？

这是一则典型的精分文。"如果你喜欢《勇闯夺命岛》请转发！不！看这个影片！不！买票！"在不到140个字中，AMC就用了三次行动呼吁，确实不简单，但一点都不值得骄傲。一口气呼吁三次行动，就跟没呼吁一样，消费者在手机屏幕上看到这则链接和短内容的大杂烩，一定摸不着头脑，完全抓不到重点。AMC在新媒体上动作频频，通常都很有效果，但这次，就和《特种部队》续集电影一样，是整个系列中的败笔。

NBA
聪明的组合

美国职篮使出一记右勾拳,提升他们跟起亚汽车一起颁发的赛季MVP(最有价值球员)的知名度。每个决定都很细致,推文精简易懂,又记得加强关键词"你"跟新媒体建立连接。他们不断加深大家对起亚品牌的印象,一开始就把起亚的Twitter加到推文中,再精心挑选链接要连到官网的哪个页面——一则文章跟照片,宣布2012年的起亚年度MVP由勒布朗·詹姆斯(LeBron James)获得,并附上起亚汽车的大红色商标。我不确定起亚汽车有没有付钱给美国职篮,请他们发布这则推文,即使起亚真的出了大价钱,他们这笔钱也花对地方了。

Golf Pigeon
高尔夫社群：混淆了数量和质量的概念

如果你是家初创公司，客人还不多，想创造风潮、增加曝光率，就可以利用Twitter的广告平台买下一个关键词，确保消费者在搜寻这个关键词的时候，你的推文会出现在前两个搜寻结果中，这可以为你的公司创造价值。然而，我不断强调一件事情，曝光的次数并不重要，重点是曝光的品质！你可以对100万个人发送推文，但如果你的推文不好或与他们无关，很有可能让看到推文的100万个人当中，有50万个人讨厌你的产品或品牌。这则推文发表的时间点，是阿根廷足球运动员梅西（Lionel Messi）踢出西甲联赛的赛季第7000脚射门，并取得了一个精彩的进球，当时他的名字成为搜索的热词。

Golf Pigeon一定觉得在讨论梅西的足球粉丝可能也想聊高尔夫球……这是什么逻辑啊？！理论上，关注足球和高尔夫球的用户会有重叠，但这是一定的嘛！因为无论是足球还是高尔夫球，都是一种运动。但这并不能解释为什么Golf Pigeon认为搜索"梅西"的人会希望看到高尔夫球内容。创造这个诡异组合的原因，有一种解释是为了推荐跟主题标签相关的推文，增加大家的印象，而Golf Pigeon不想选择#梅西（#Messi）以外的宣传，因为这样就跟不上潮流，但他们用梅西当主题标签，也没有带来什么好处。

20世纪80年代，接触运动粉丝的渠道还很少的时候，用这种方式吸引同时喜欢两种运动的粉丝，或许还算高明，但现在是目标族群明确的年代，没有理由浪费钱对足球新媒体营销高尔夫球。Golf Pigeon应该等到高尔夫球名人赛（Golf Masters）举办的时候，再倾力利用当红主题，会和品牌、新媒体比较契合，也会为他们带来更多正面效益。

Holiday Inn
假日酒店：单向对话

众多转推，价值却极低。对你所有的客户转推某个客户对你的夸奖实在太"王婆卖瓜"了，一直重复做就令人反胃。2013年4月21日到23日间，假日酒店几乎把全部的时间花在对30000名粉丝转推别人对他们的赞美，但他们真正该做的，是花5分钟好好跟那个赞美他们的人打好关系。再说，像假日酒店这么大的品牌，却花时间追踪更多与他们不相关的人，而不是追踪自己既有的客户群，证明他们非常不会用Twitter账号，显示他们根本只是在系统上玩乐，追踪人并期待那些人会因此追踪他们。这是很廉价的策略！

可怜的假日酒店在书里要当靶子被我骂，但其实转推粉丝的夸奖是数以千计的公司每天都在犯的错，大概是因为公关公司喜欢跟自己的客户说这样很聪明。但我告诉你，一点也不！这种转推非常糟糕，完全没有提供价值给你的追随者，更别说这对你的追随者而言有多无聊。

好玩！超棒！@msdaisy66：@假日酒店
（@HolidayInn）彭萨科拉海滨店是最好的旅馆
@我等不及要来"第三次"了！

EA Sports FIFA
足球游戏FIFA：即时新闻

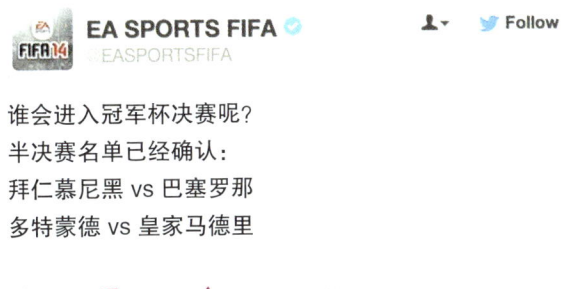

正如我前面说的，现在想在新媒体上竞争的企业，需要有双重定位。他们当然必须扮演推销产品或服务的角色，但同时要表现得像一间媒体公司，这则推文是同时扮演好两种角色的案例。EA Sports FIFA是为足球迷设计的游戏，但这则推文显示，这个品牌知道如何与他人竞争，清楚它必须超越"电子游戏公司"这个角色。

推文先宣布欧洲冠军杯联赛（UEFA Champions League）半决赛的队伍已经出线，五六年前，足球迷要看体育电视台屏幕下方的"即时快讯"，才知道队伍名单，错过的人就得等着看第二天的报纸。但现在，一个电子游戏公司公布信息，就算没有让全世界知道，至少他们的Twitter追随者会知道。看转推数就知道这记直拳带给品牌的好处，从这里得到新消息的人会马上分享，转推给自己所有的追随者，这些粉丝跟他们的追随者都感谢EA Sports FIFA提供新信息。发出这则推文后，EA Sports FIFA因为在自己的领域里领先他人，第一个开启对话而得以欢笑收场，提升品牌知名度和品牌亲和力，也提升和粉丝之间的关系，甚至可能增加数十或数百个新追随者。未来EA Sports FIFA使出右勾拳的时候，不管是销售、折价券或其他行动呼吁，这些新的追随者都有可能做出回应。

Taco Bell
塔可钟：理应获得

这则推文让人印象深刻，有技巧地引领风潮，是很好的典范。#床上灵光（#ThoughtsInBed）这句话很时尚，"塔可钟"忽然出现，用他们一贯的口吻——傲慢、闷骚、令人讨厌——讲出答案。显然，他们的努力得到了回报，在43万个追随者中，有1.3万人转推。为什么这则推文表现这么好？因为"塔可钟"做了他们应该做的事，他们尊重这个平台，跟消费者用同一种语气说话。他们了解Twitter用户通常是年轻人，看看他们的页面就会发现，他们每天都在跟追随者接触，展现超高的品牌亲和力。他们值得我最高等级的表扬：他们抓到重点了。

Skittles
彩虹糖：主题标签的天堂

这本书中很多个案都让我想哭，但彩虹糖的这则却让我忍俊不禁，我想你大概也笑了。它很可爱、有趣，听起来就是个彩虹糖的爱好者在说话。最聪明的是，他们把微故事跟永远不落伍的主题标签结合，他们选择的主题标签都是长青、搞笑、热情，任何想看点幽默小品的人都会喜欢。如果能继续保持推文品质，创作这样的微故事，他们在新媒体上的未来将一片光明。

Chris Gethard
克里斯·格哈德：辛苦耕耘，才会有收获

喜剧演员是Twitter上很受欢迎的族群，因为他们之中有不少"坏蛋"总是把Twitter用来说俏皮话、提高知名度和使出右勾拳，像是要大家来买他们的DVD或是看表演。但这个从布鲁克林来的新喜剧演员克里斯·格哈德不一样，他用对了方法。当然，他也会讲笑话，但是他也转推、和人互动，他会响应粉丝，与他们对话，让粉丝感受到他的关心，克里斯也感激粉丝愿意花时间让他知道他们的想法。他的辛苦耕耘会得到收获，等他有特别演出或是要多挥几记右勾拳的时候，现在累积的力量就会爆发出来。

Twitter
不知所云！

Twitter在我的职业生涯中提供了巨大帮助，所以在不得不批评他们极度缺乏互动性和参与感时，我心情沉重。他们常常推文，不断贴出自家的新闻，完全没有要经营或管理新媒体的意思。2013年6月6日，他们开启"超级王婆卖瓜"模式，宣布他们和全球第二大的广告集团WPP合作。就连平台本身都不知道怎么说定制化的内容，证明在新媒体漫长的时间轴上，我们才刚起步。Twitter只听不说，他们刚买下影音分享软件Vine的时候，数百万人在疯狂推送对这个新功能的看法，Twitter为什么连一句"谢谢"都说不出口？营销团队怎么会不知道跟用户建立情感关系的重要性？如果Twitter好好建立与用户之间的联系，Instagram推出影音分享服务的时候，这群人或许就会选择继续当Vine的忠实粉丝，不会走了，Vine也不会开始走下坡。这是一个充满情感的世界，如果Twitter连在自己的平台上都不好好倾听、接触用户的话，他们怎么能期待用户对这个平台有感情？我有很多朋友都是Twitter用户，我很好奇他们看到我的批评的时候，会有什么反应，我想，他们一定也有很多话想说。

Sphero
智能球：令人着迷的"书呆子"

我超爱这条推文，它表现出这家公司了解使用者，知道怎么说故事。他们非常了解哪种人想买可以用iPhone操控的球，他们用BuzzFeed的影片（注：BuzzFeed为2006年成立的新闻和娱乐网站）显示他们知道怎么说目标客户习惯的语言。他们懂推友、懂媒介、懂语言，也懂故事，就算不是他们的目标族群，也会觉得这则推文很酷。

很多新创公司说不出好故事，因为他们不建立新媒体，只专注于收钱和如何吸引知名科技媒体报道。初创公司面对竞争，有太多事情要同时考虑，不容易找到平衡点，Sphero成功做到，并且还完美执行了，值得嘉许。

Fleurty Girl
服装品牌妖娇女孩：知性魅力

本书的读者有很多是小公司的老板，只有一家店面。这家公司有五间店，但还是很小。"妖娇女孩"的老板不管在线上或线下都很用心经营新媒体，非常不容易。老板劳伦·汤姆（Lauren Thom）在新奥尔良州出生、成长，所以懂得用像NOLA这样的缩写，替代新奥尔良（New Orleans），

也知道路斯顿（Ruston）的桃子节，还转推橄榄球队新奥尔良圣徒队队员的推文。她会讲这平台的语言。她的新媒体应该还不大，但是她很努力要壮大新媒体，我希望有更多地方性公司和她一样多花心思经营新媒体。

劳伦还可以再加点料，让转推更有价值，当她推"我爱桃子！"的时候，比较好的是应该加上主题标签#满腹桃子（#peachesfillthebelly）。你要尽可能让大家看到推文的时候会心一笑，因而对你留下印象。除了向新奥尔良圣徒队队员达伦·斯普罗斯（Darren Sproles）说生日快乐，她还应该查一下2012年的球季，圣徒队的球员中，谁的背号跟达伦的年纪一样，这样她的贺词就会更让人印象深刻，比如："莱恩·史迪日（Ryan Steed Day）快乐！"就会是很有趣的推文。

给她时间，我想她会进步的！

Shakespears's Pizza
莎士比亚比萨：诱人的地方美食

很高兴我可以再称赞另一间小店，它也很用心推出好的微故事，而且有个天才作者负责设计文案。特别注意——第三则推文看起来就是一般对地球日的响应，但看看它的主题标签用得多聪明！一看那个主题标签就知道这家店了解Twitter用户的心理，一些小地方总让看的人发出"哈哈！"的笑声，忍不住就转发给朋友，把你的品牌放到他们的动态信息上。莎士比亚比萨店也可以选择花钱买横幅广告，提升知名度，但用那种方式恐怕无法和现在的这种方式相比。

第二则推文也很到位，任何在16岁到24岁之间的人，都会被吸引。等等！任何心智年龄在16岁到24岁之间的人都会喜欢！像是在说："就是你！来找我吧！"莎士比亚比萨店的推文，证明只要能把创意写作跟对使用者的了解结合，知道人们上Twitter要的是什么，就能让品牌的表现超过标准。看着看着，我都饿了！喔，对了，我最喜欢蘑菇比萨。

在Twitter发文前要问自己：

是否有重点？

主题标签是否独特、令人难忘？

附加的图片品质是否够高？

说话的口吻是否真实？

能不能引起Twitter用户的共鸣？

ROUND 5

在Pinterest上装饰新故事

- 2010年3月创立
- 4870万用户
- 2012年增长率是379599%
- 2011年至2012年，Pinterest的移动应用程序增长率是1698%，通过移动设备登录Pinterest的用户数增幅多达4225%
- Pinterest的用户中，有68%是女性，而且其中一半是妈妈
- 被转钉（repin）最多次的钉文是蒜味芝士面包的食谱

Pinterest的女性和男性用户数比例是五比一，除非你卖的东西一百万年内都没有女性会替自己或别人买（这种东西少得可怜），或是公司法务又在扯后腿，不然还没开始用Pinterest的你就是个蠢蛋。▲就算你真心相信女性族群绝对不会买你的东西，也最好继续看完这章节，因为虽然一些在Pinterest上使用直拳或右勾拳的细节是针对这个平台设计的，多看看其他公司怎么成功利用Pinterest一炮而红，还是可以帮助你在其他平台上设计策略、寻找目标用户的时候，多一点灵感。

Pinterest设立的目的，是帮助用户在网络上搜集他们喜欢，或是对他们有启发性的东西，因此Pinterest很快就成为"奇幻世界"，用户不乏美食图片控、时尚爱好者和苦思如何重新改建/装潢房子的人。Pinterest的规模迅速膨胀，代表目前约4800万个用户五花八门的嗜好和兴趣，这个用户数是美国网络总人口的16%，只比Twitter少1%。然而，即使Pinterest一夜爆红，很多大品牌仍然不把它当一回事。难以置信吧？

▲ 又是小公司的优势：不需要处理偏执的法务问题。

当然，这些品牌有它们的苦衷。部分原因大概是公司已经火力全开在苦追Facebook和Twitter的发展速度了，实在不想再投资另一个需要时间经营的新媒体网络，何况在它们眼里，Pinterest只是另一股一时兴起的风潮。还有一个让它们不愿意更进一步的原因，可能是担心在这种鼓励用户分享他人图片的平台上，一不小心就会触及版权问题。一如往昔，大公司因为害怕而却步，把这片领地留给创业者和小公司，它们敏捷又勇敢，愿意在新的平台上尝试各种不同的说故事方式。实际上，目前还没有人因为分享图片而惹上官司，Pinterest基本上是个成员间相互崇拜的大型社会，公司转钉产品照片是因为那张照片很酷，有的钉文还附上链接，让消费者直接关联该产品的销售页面，产品被转钉的公司开心都来不及了，谁会去告转钉的公司啊？

现在Pinterest已经修改使用合约，新推出"公司账号"，也为企业设计适合它们的功能，让品牌能更自在地加入新媒体组合中。你的法务团队想要什么保证，你就给他们好了，这能让他们晚上睡得好一点。但保证完以后，就不要再浪费任何一分钟，赶快去接触那数百万个饥渴的人们，他们渴求新启发，创办账号后你就能对他们说自己的故事。

Pinterest心理学入门

Pinterest受欢迎的关键在于它做好"分内的事"——让用户能够轻易地把在网上查到的资料和想法集中在虚拟布告栏上。这个布告栏称为"钉板"（pinboards），用户把他们在网络上一见钟情的宝贝图片钉到板上，安全无虞。我们或许都有过这样的经验：有人在置物柜上贴满乐团海报，有人在办公室里摆放玩偶和骑车穿越阿根廷的照片，有人在汽车保险杆上贴贴纸，也有人把艺术品放在窗户正中央供街上行人欣赏……这些举动都源于我们内心的一份渴望，渴望透过这些摆设，这些象征性的小东西，迅速又无声地让别人了解我们，也时时提醒自己，我们想变成怎样的人。Pinterest除了充当我们的"线上藏宝箱"，还满足了我们那一份渴望。我们的房子或许很凌乱，赘肉或许无法控制地增加，想要展现智慧的时候，讲出来的可能只是幸运饼干里的名言佳句▲，但我们在Pinterest的收藏，却展现我们多渴望住进环绕着杂志柜的宁静房间、用美丽的衣服盖住纤细的曲线，并轻松引述梭罗（Henry David Thoreau）名言。渴望和占有欲是最强烈的两种人性，促使人们购物，而Pinterest一次满足两者。

用户数的成长证明Pinterest满足了人们物质和情感上的需求，数字会说话。依据Steelhouse的调查，Pinterest用户在Pinterest上下单购物，比购买在Facebook上看到的产品的概率高出79%。Pinterest上的每次点击创造的营收，是Twitter的4倍。一些很早就在测试Pinterest的小公司，营收已增长六成。在2011到2012年间，网上零售商透过新媒体创造的营收中，Pinterest的占比从1%飙升到17%。

这些数字都告诉你，如果你还没有Pinterest账号，应该马上点击那颗写着"加入"的红色按钮，马上申请一个。就算你一直告诉自己，你的产品照片拍得不好看，或是你提供的服务没办法用图片呈现，又或者你的业务太地区性，都一样，去申请！虽然有些平台确实就是特别适合某些产业，但创意不足才是你在任何平台上营销的唯一阻碍。Pinterest有趣而且特别的地方，是人们可以追踪你的个人版面，不只是你的品牌，这意味着就算产品本质使你在Pinterest上居于劣势，你还是可以想想看自家品牌的其他面是否派得上用

> 有些美国餐厅在客人用餐完毕后，会送上空心的幸运饼干，里面夹着写有名言警句的小字条。

场，你可能因为担心混淆品牌信息，在其他框架下一直把这些面隐藏起来，但Pinterest赋予你自由，让你可以随意展现品牌的特质。

第一步，先学会钉文的艺术吧！

Pinterest是给眼睛吃的冰激凌，每一则钉文的视觉效果都必须引人注目。不管内容是自创或转钉的，你都要记得把内容当成收藏品，图片要吸睛，不能单调无趣。如果没有人想点阅你的照片，就不会有人来你的专页，也就看不到你的故事，无法进入你的世界。

Pinterest用户会把在网络上找到的内容分类在各个版面，公司也可以用同样的方式处理内容。你可以把不同的版面做成虚拟店面，让用户像在实体店面购物时一样，轻松又快速地找到他们要找的产品。打个比方，如果你是地区性的茶叶店，可以在各个板上钉上照片，并按照茶的类别分类选版：绿茶、红茶、印度茶、中国茶，和其他你想卖的茶种。你可以按照这样把钉文分类，再附上价格，这么做可以让你的钉文获得的"赞"的数量提升36%，进而增加你卖出产品的机会。所有钉文都会连到原始来源，在这个案例中，就是链接回你的网站，如此一来，你的观众只要点击照片就会变成客户，过程非常简易。

然而，很少消费者会直接到品牌专页上详读内容，他们通常是先看到别人从专页上转钉的照片，才点过去的。像"绿茶"这种描述听起来就很无聊，应该只有超级绿茶爱好者会想转钉对应的照片，或是追踪这个版面。如果要让其他人转钉或关注，你就得用钉文使出直拳试探，用那则钉文吸引消费者，引诱他们仔细浏览你的专页。例如，钉文上写着"约会失败后喝的茶""对付婆婆的茶"或"庆祝暑假的茶"。用这些你创造的图注，证明你对用户的遭遇感同身受，并指出你的品牌在他们的人生中是有功能的。这就是品牌对消费者使出直拳的例子，刺激消费者把内容转钉到自己的板上，这时候接触到你的品牌的人数就会呈指数型增长，带来更高的曝光率，吸引更多人点进来看钉文来源。就这样把消费者慢慢从新媒体上的小洞，一点一点拉进你的网站，而你早已等在那里，准备好使出一记扎实的右勾拳，成功销售。

直拳带来意外相遇的惊喜

很多品牌和公司全心创作原创钉文，但就像Twitter一样，把别人带到这个平台来的内容，融入自己的钉文中，也可以带来庞大的价值。你可能没有直接增加销售量，但是你化身为消费者信任的人，带给他们价值，提高他们在需要时第一个想到你的机会。例如，茶商把一张漂亮的茶壶照片转钉到"茶具"板上，它可以在底下注明："这个茶壶看起来很漂亮，但除非你把茶加到最满，不然就得把茶壶整个倒扣过来，水才出得来，但小心喔！这样的动作很容易烫到手。我们深信在我们钉文的同时，这间公司已经在修正这种设计带来的问题了。"你没有攻击那个品牌，只是依据自己使用茶壶的经验陈述事实而已。同一家茶商也可以转钉"茶长鸡尾酒裙"（Tea-length cocktail dress，即绸缎质地的中长裙，裙长及膝）的照片，附上图说："茶裙及身，茶味更醇。"这种转钉他人钉文，并加上批注、重新诠释的钉文，很适合转推到Twitter，而Twitter上的推文有可能把你的Twitter追随者引入Pinterest专页。邀请大家来辩论和讨论或是提出有趣、惊喜的内容时，你不只增加建立连结的机会，还增加未来提升销售量的机会。

建立一些和你的品牌只有一点沾边的板，也是有效吸引更多追随者的方式。

如果你每一则钉文都跟茶有关，就只能接触到对茶有兴趣的族群，但你如果建立一个叫作"喝杯茶后该去哪里休息"的板，在上面钉上英国、印度和亚洲的高级酒店或其他住宿地点，就会接触到更多不同种类的消费者，像是度假者、蜜月旅客和商务旅人。如果你表现得够真心诚意，甚至有可能利用跟你的品牌完全无关的版面建立新媒体。这种设计给小公司和创业者很大的优势，因为和那些大公司相比，它们可以肆意展现风格，不受法务和公关限制。你的钉文可以和你居住的城市相关，可以写音乐、书籍和电影，可以跟宠物相关，也可以讨论公司支持的议题。这是一个让用户看到完整故事的绝佳渠道，你甚至不需要多说一个字。

如果你的直拳总是精彩又有创意，你的右勾拳就更有机会吸引到大家的注意。除了实际的清单，像是绿茶、红茶、普洱茶，和一些较细的清单，例如，"约会失败后的茶"和"周日早安茶"之外，你应该再加上本月推荐茶品，积极宣传。如果你挥出多次吸引人的直拳，大家偶尔看到几记右勾拳的时候，就不会觉得难以忍受，他们甚至会很高兴，你让他们在试用你的产品时更轻松。

用直拳打造新媒体

留言是Pinterest上的新功能，但它们是吸引读者来探索的最佳媒介。因为Pinterest上很少人积极用留言功能来塑造情境或提升知名度，所以品牌可以轻易透过留言的方式，展现自己的不同，从而引起注意。如果你是Twitter用户，想必很清楚这个功能的运作方式：找机会和与你兴趣相同的人聊天，真心对别人的钉文感兴趣，并找机会利用对话为钉文加上情境。通过与其他Pinterest用户的互动，你让他们想点你的名字、多了解你一点。你的"图注"也是让大家留言回应的机会，钉文的标题够独特，像"约会失败后喝的茶"就很可能吸引人们留言，留言内容可能是"希望我今晚不需要"或"我上周最需要它的时候，它在哪里"。这就是你的机会，提供读者新鲜有趣的方式抱怨单身男女的窘境，打造一个建立关系的完美开端，让你拓展新媒体、提供大家有价值的信息。

此外，留言让品牌有机会对别人的钉文提出见解。例如前面提到的茶壶公司，看到茶商对自家产品的质疑，应该要马上回复，解释茶商的使用方式是错误的，或承认疏忽并宣告自己一定会解决问题。

按规则来

Pinterest一直努力要大家在网站上维持礼节，但仔细想想Pinterest的规则和现实社会的规则其实差不多。身为企业，最重要的是要和蔼可亲，让你的客人知道你很关心他们——用吸引人、激励人心的方式，展现你的关切、不吝分享知识、维持诚信。如果你不能提供给客人需要的东西，记得帮他找到帮得上忙的人。善用每一个和客人接触的渠道来编织微故事，让别人知道你是谁、你的品牌定位。唯有如此你才能集中火力，奋力使出制胜右勾拳。

Wholefoods
全食超市：拥有梦想

Pinterest这个网站上，有一半以上的人只会转钉，绝对不会真的去烤三层蛋糕，更少人有像全食超市在"最棒厨房"版面上的贴图中这么华丽的厨房，但全食超市知道梦想无伤大雅。事实上，全食超市本身也算是追梦人，几乎没有人可以只在全食超市购物，吃的东西也不可能全部都达到全食超市的健康餐标准，但我们都希望自己可以做到。许多人都想达到全食超市提倡的理想生活形态，而全食超市的动态显示出它懂得利用媒介满足大家的渴望。这就是为什么全食超市贴出的照片，不只是精美的食物照，我们想煮饭或用餐的地方也是主角之一。以下是这则微故事成功的原因：

 Whole Foods Market • 20 weeks ago
超奢华厨房！

>**高品质的内容**：房屋中介和大厨都不喜欢拍自己的房地产或食物是有原因的，因为他们自己拍得不够好。专业摄影师知道怎么运用光和空间，让产品看起来最完美。粉丝总爱想象自己如何按照博客或书上写的，煮几道菜或是

把房子装潢得更华美，而这样的照片会带给他们灵感。虽然照片里的主角看起来特别美，往往是因为摄影师运用了特殊的灯光和技巧，现实生活中根本不可能做到照片里那样的程度，但其实这也无所谓。通常消费者想买的就是那个理想产品（特别是在选购食物或房产的时候），而不是真正的产品。这张照片如果出现在美国最优秀的建筑杂志《建筑文摘》（*Architectural Digest*）上，也不会显得很突兀。事实上，这张照片本就是擅长拍摄建筑和室内装潢的摄影师伊万·约瑟夫（Evan Joseph）的作品。全食超市利用这张转钉的照片，成功吸引了室内装潢和食物两个市场的消费者。

>**充满渴望的信息**：多数人根本不可能拥有这样的厨房，因为它的实际位置在新泽西州的弗里克山庄，是一栋超过300平方米的石料造的别墅。但是把这张照片分享在"最棒厨房"版，全食超市其实是在宣告："我的客人值得住在这么棒的地方！"这是则非常强烈的信息。

>**营造新媒体感**：这则钉文的内容不是全食超市原创的，他们是从一个有关食品和生活的博客——英格登公司（Ingredient, Inc.）——转钉而来的。转钉他人的素材是吸引新消费群注意的好办法，也可以让自己的品牌更有人情味，显示你也看客人或者其他人的博客或者网站，告诉顾客你和他们是拥有同样爱好和兴趣的。

>**长期关系**：虽然全食超市是"最棒厨房"版的版主，但它实际上开放给其他至少5个作者经营这个板块。这5个人都是新媒体上很有影响力的人。全食超市采取的是渐进式的策略，专注于用合作和口碑建立长期关系，而不是短期、瞬间的潮流品牌或产品代言。

Jordan Winery
乔丹酒庄：尝一口品质

乔丹酒庄善用Pinterest异于其他新媒体的特长，漂亮出击。

>有梦想、为Pinterest而设的图片：看看这张活泼、干净、可以放在杂志封面上的照片，照片中的红酒和干酪让你忍不住幻想自己正在海滩上浪漫约会，或是正举办一场高端的派对。这张照片让人感觉乔丹酒

乔丹主厨与酿酒师传授选择红酒和奶酪的秘诀

庄是为了有品位的人而存在，完全吻合Pinterest用户"爱做梦"的个性。这看起来不像是从图库中找来的照片，反而像英国权威美食杂志《美味》（*Saveur*）为公司档案拍摄的精美照。

>聪明的定位：虽然发布这张照片是为了讨好品位高雅的人，但是乔丹酒庄选择把它贴在较亲民的"红酒101"初阶版，换言之，乔丹是想把酒卖给有品位的人，但他们不势利——他们也为新手服务。

>链接用得好：这张照片是通往较长内文的入口，点一下照片就可以连到乔丹酒庄公司网站上的文章，详细描述要成功配对红酒和奶酪，这背后的逻辑和实验是什么，网页上还有报名酒庄品酒之旅的相关信息。

这则微故事是一记满足爱酒人和新媒体用户的直拳，我给乔丹酒庄3个"赞"。

Chobani
乔班尼酸奶：直击用户内心

如前所述，Pinterest目前用户的80%是女性，这些用户中的50%有小孩。乔班尼酸奶这则以小孩为对象的直拳，显示它懂得用户的心。

>照片：有趣、多彩、简单。这张照片的目的是要让家长会心一笑，依照它被转钉的次数看来，应该算成功完成任务。

>文案：有趣、多彩、简单。

>版面：主打小孩族群，很聪明。把自己定位为有趣、健康点心的提供者更是一绝，乔班尼酸奶的做法会让妈妈们甚至爸爸们，觉得自己就是"超级爸妈"。

在这个平台上张贴任何东西之前，先问问你自己，这则钉文有没有办法通过Pinterest的试验：它能不能同时也是广告或一流杂志上的文章附图？如果不行，它就不属于Pinterest。以乔班尼酸奶这记直拳为例，答案肯定是：Yes！

Arby's
快餐店：传递错误信息

这则Pinterest钉文实在糟得不能再糟了。

>照片：裁切诡异，卷饼的外框剪成阶梯状，把它搞得像从任天堂游戏机逃出来的大BOSS，企图用玉米糖浆和起酥油将你的角色辗平。

 Arby's • 1 year ago
Arby's的苹果折叠派

>标语："Arby's的苹果折叠派"哇！算是有创意的文字。

>链接：Arby's的团队竟然不知道加上官网的链接？！让人意外。

如果这则Pinterest钉文没有办法链接到Arby's的网站，那Arby's的数字媒体团队根本就是在浪费时间。看起来，Arby's设立Pinterest账号，纯粹是因为有人建议它设一个。如果他们真心想要开发Pinterest的营销策略，就会更专注于提高图片质量，满足广大的女性用户，让她们"不小心"（因为正常人一定不会分享这种内容）逛到这个版面的时候，受到吸引。只要多花一点心思，他们就可以让这个了无生气的折叠派看起来漂亮一点，或至少不那么像7-Eleven从1985年开始就在贩卖的产品。现在这则帖文其实是对消费者说——g，u，n，滚！

Rachel Zoe
时尚设计师瑞秋·佐伊：小失误造成大影响

Rachel Zoe提供了一个关于小细节可能完全毁掉一记良好的直拳和右勾拳的案例。

>**照片**：我们眼前有一个漂亮的包包，还有几个步骤教我们如何赢得比赛，看起来这个品牌很有创意，积极创造具游戏性质的钉文，希望顾客可以进行一些社交行动来换取得奖机会，这个游戏完全融入Pinterest。

>**链接**：点一下包包的照片，就会链接到服饰精品百货Neiman Marcus的网站。点击底下的图注，就可以看到官方规则，Rachel Zoe的员工显然头脑清楚。

>**文案**：这就是出错的地方了！那段文案其实就是重复我们在照片底下看到的三个步骤。为什么这是问题？因为这个小差错降低了他们这则钉文的价值，如果不用这段文案，而是多讲一些关于包包的事情，再附上链接，连到公司的活动规则公告，对顾客而言会更有趣也更有意义。

事实上，很多名人的Pinterest页面都和Rachel Zoe的钉文，乃至整个看板一样，缺少人情味。每则钉文的顶端都是Rachel Zoe的名字和照片，如果能让人觉得能更像本人说的，就更好了。

这则钉文的问题很小，但却能造成很大的差异。

引诱，引诱，引诱，出击！　　181

Rachel Zoe
转钉就有机会赢得我的收藏品——金属色托特包，只要在"RZ假期风"板上告诉我，你在参加假日派对时会如何穿搭，就可以啦！把你的个人广告牌链接寄到Social@Rachelzoe.com参加比赛。准备好了吗？预备，钉！最爱RZ——官方规则：www.thezoereport…

Bethenny Frankel
贝辛妮·弗兰凯：链接失效

Bethenny Frankel
图注：窈窕女孩石榴玛格丽特

贝辛妮·弗兰凯是"窈窕女孩"（Skinnygirl）玛格丽特调酒和鸡尾酒品牌的发明者，喜欢穿贴身牛仔裤的女性把她当成偶像，爱她的程度就像她爱酒一样深。可惜她经营Pinterest个人看板，不如经营产品那么重视细节。

>照片：在Pinterest上（特别是名人的个人看板）很少看到未经后期处理的图片，看到这张照片，你一定不会怀疑它是贝辛妮亲自拍的。通常大家不喜欢把浑浊感和饮食连在一起，不过这张照片还是得到不少支持，显然这种风格的照片不会吓走太多人，这张照片算是过关了。

> **文案**：窈窕女孩石榴玛格丽特。好像也没别的好说。单击图片，可能消费者就会转到食谱网站或是窈窕女孩官网上的有趣页面，喔，等等……

> **链接**：消费者如果想从石榴玛格丽特的图片转到其他网站，屏幕上会显示404错误页面，上面写着"找不到网页"。这实在很不负责任，网页上的道歉写得很可爱，旁边那只睡睡狗的照片也是，但并不能弥补公司浪费客人的时间和信任的事实，这种大错会让品牌显得不专业。

UNICEF
联合国儿童基金会:仅发布内容,未倡导理念

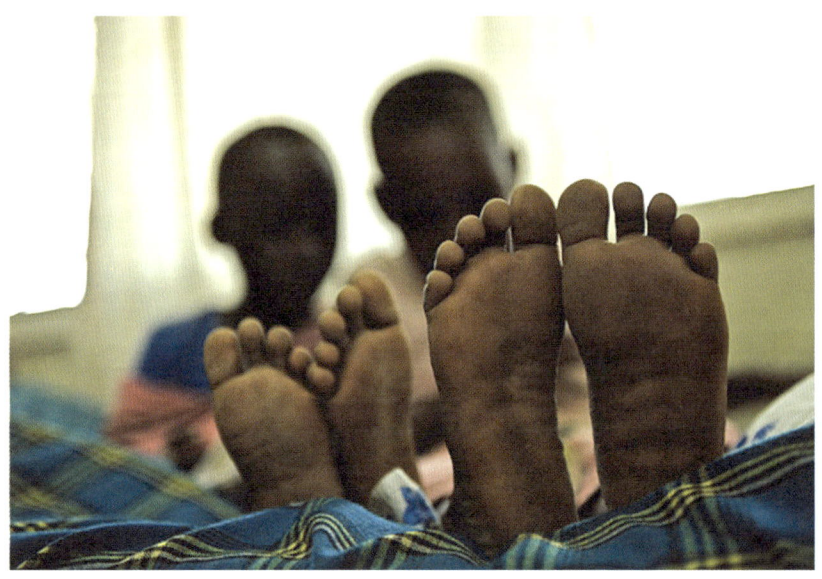

UNICEF · 12 weeks ago
你看得见我吗?——莎罗梅(Salome,化名,左侧)、HIV阳性,她只有7岁,和妹妹一起住在肯尼亚的Turkana Outreach孤儿院。莎罗梅的妈妈因为从事性工作而感染艾滋病,最后死于艾滋病并发症。孤儿院的院长——鲁斯·库雅(Ruth Kuya),自己也是在12岁时成为孤儿。这间孤儿院于1994年成立,收容了40名孤儿,大部分都感染了HIV/AIDS,有5名是HIV阳性。©UNICEF/Shehzd Noorani。看更多故事:www.unicef.org/...

很高兴能看到联合国儿童基金会进步到会用Pinterest,但很遗憾,他们似乎没有抓到重点。

>**照片**：这则内容是经典案例，显示品牌经常错把新媒体当成信息传递中心，而不是说故事的渠道。这张照片在两个看板上出现，第一次是钉在"你看得到我吗？"的板上，接着又转钉到"非营利媒体"板。把同一张帖文发在两个板，基金会提升的是曝光次数，而不是曝光的品质，这种策略会降低它在Pinterest上所有照片的潜在影响力。这张照片如果是放在另一个板上，直接吸引对帮助年轻艾滋病受害者或孤儿有兴趣的人，会得到更多关注，提升参与度。儿童基金会拥有极为感人的内容，应该要好好善用看板牌，把读者的情绪转成行动，这样才是对组织最好的。

如果基金会能稍微花些心思，想想怎么用这么好的照片对Pinterest用户说故事，它会引起更多回响。

Lauren Conrad
劳伦·康纳德：流利使用Pinterest语

劳伦·康纳德的美腿运动
{钉文之后就快去健身房做运动吧}

劳伦·康纳德的钉文内容值得大声赞扬！因为她能讲一口流利的Pinterest语。这则钉文各方面都是为了热爱Pinterest、上流社会的女性读者所设计的，它也可以当成广告或是关于康纳德做运动的文章的附图。事实上，只要点击图片，就会链接到康纳德的博客，她在博客上给出了关于如何运动才能修饰腿型的建议，为夏天做足准备。这则钉文有2500人转钉，显示出名人品牌只要会说平台专属的语言，就能获得极大的回应。这记直拳展现了对平台的尊重和对目标族群的用心，非常到位！

LuLulemon
柠檬露露瑜伽裤：失焦

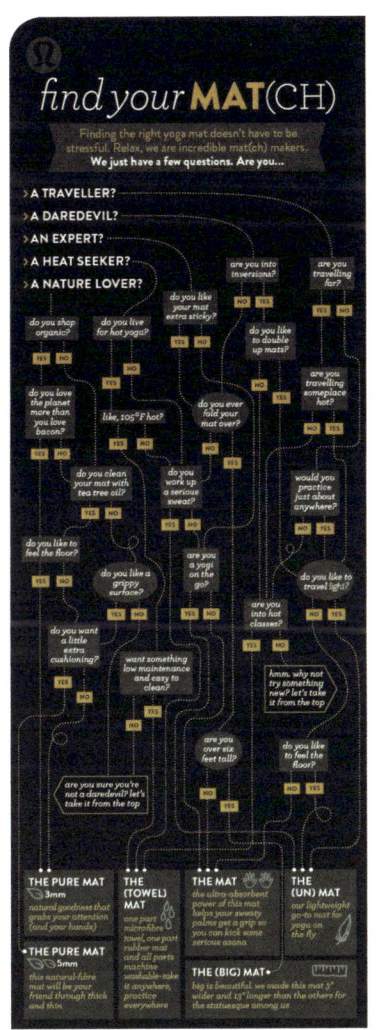

又是一个小失误毁掉超强右勾拳的例子。

>**图片**：信息图表在Pinterest上通常能吸引很多人注意，柠檬露露设计这张图表，让大家用玩游戏的方式找到适合自己的完美瑜伽垫，聪明又有创意。

>**链接**：没有链接？！点击照片会跳出这张照片的另一种版本。让大家从Pinterest转到外部网站会带来流量，也会带来行动，为什么柠檬露露不放零售页面的链接呢？或者让大家看看钉文中提到的那些瑜伽垫，这样想买的人才真的能买到"绝佳拍垫"啊！

看到这么好的钉文被浪费，真的很让人失望！

 lululemon athletica
还在找你的"最佳拍垫"，却不知道从何找起吗？我们为你设计了信息图表，让你迅速找到属于自己的瑜伽垫，快来看看吧！

在Pinterest上钉文之前,先请问自己:

图片能不能满足消费者的梦想?

看板的标题是否够聪明、有创意?

是否在适当的时候标上价钱?

是否每一张照片都附上了外部链接?

这则钉文能够同时成为广告或一流杂志中的文章附图吗?

人们是否能轻易将这张图片归类,转钉到自己的看板上?

ROUND 6

在Instagram上创造惊人的艺术

- 2010年10月创立
- 2012年12月,Instagram已有1.3亿活跃用户
- 每天有4000万照片被上传到Instagram
- 网络相册Flickr花了两年时间才达到具有里程碑意义的1亿张图片上传量,而Instagram仅用了8个月
- Instagram上的图片,每秒吸引1000条评论
- 2013年6月,Instagram推出视频分享服务
- Instagram是由地理位置定位应用Burbn起家,当时联合创始人凯文·斯特罗姆(Kevin Systrom)和迈克·克里格(Mike Krieger)决定要修改这个应用程序,他们取消多数功能,只留下照片、留言和点赞

Instagram和Pinterest都是以视觉效果为中心的新媒体网络，都具有"与生俱来的效能"（baked-inutility），这是我的一个自创词，意指他们把分内的事（帮你找到更好的即时照片）做得非常好。然而，对营销人员而言，Instagram是非常有挑战性的平台，因为Instagram和Pinterest有一个主要差异：Pinterest鼓励用户转钉，但Instagram用户只能分享自己的Instagram照片。此外，Pinterest允许你在照片上附外部链接，消费者点一下就能到达你的产品或服务页面，但Instagram是封闭的，点击照片还是会回到Instagram。Instagram的这个设计对软件本身是非常棒的，但对于想要把流量汇集到特定网站的营销人员而言，这个设计就有点麻烦了。

既然Instagram在营销上有它的局限性，为什么品牌还是应该尽快开始上传照片呢？理由和Instagram在《佳肴》（*Fine Cooking*）、《时尚》（*Vogue*）、《人物》（*People*），甚至旅游杂志《查尔斯顿旅人》（*Traveler of Charleston*）上刊登广告的原因一样，你如果把杂志中、广告之间的文章拿掉，它就是一个小型的画廊，充满美丽、触动人心，甚至挑逗性十足的照片。杂志是消费者平台，Instagram也是，两者只有些微差异，例如Instagram用户可以点击照片赞或留言，互动性稍高；Instagram具有分享和传播的元素，Instagram账号可以和Facebook、Twitter关联，品牌能借此增加产品知名度、打造良好口碑；虽然Instagram没有转发贴图（regram）的功能，但用户还是可以互相关注。不过话说回来，你上传照片后，其他人几乎不能马上对你的内文做出任何回应，就像在杂志刊登广告一样，你在Instagram打广告的原因是为了提高"能见度"。

在杂志上登广告是为了接触特定族群，接触到的人数可以通过杂志的订阅率来衡量。Instagram的用户数多得吓人，在我写这本书的时候，它有1亿的活跃用户，而且几乎以每秒就增加一名新用户的速度在增长，依照这种成长速度，两年后，Instagram很有可能又增加1亿用户了。如果你的品牌认为花数十万甚至数百万在杂志上刊登精美广告很值得，那么为什么不觉得把类似的内容免费放在Instagram上也很值得呢？

透过Instagram，你可以用很低的成本接触到非常多的人，这一点弥补了它社交功能的不足。Instagram应用软件成长速度飞快，证明人们越来越喜欢移动化的、以图片为主的内容。一如往常，消费者去哪里，营销人员就应该跟到哪里，你应该把Instagram当作一个使用直拳战术的好平台，在那里设定自己的口吻、说你的故事、加强你的品牌形象。

即便有种种互动限制，在Instagram上也还是可以使出右勾拳的。想当初第一版的Twitter也没有转推功能，在Twitter推出那个功能之前，最早来到Twitter的先锋部队（包括我和我的几个朋友）会用剪切、黏贴的方式，把别人的推文贴到自己的动态消息页上。现在大家也会用屏幕截取的功能，截取自己喜欢的Instagram图片，再重新发文，或用最新开发的应用程序达到相同结果。其实，只要你用心，绝对有办法突破，你不能在图片上嵌入外部链接，但还是可以在图下的说明中加上网址，用户没有那么笨！他们知道该怎么做。你甚至可以告诉读者，到你贴的网站去，输入密语"Instagram"就可以享有商品或服务的九折优惠（虽然我们讨论过，这种行动呼吁的方式，结果不会高于一般水平，也不会比可以直接链出去的外部链接效果好）。这种做法尽量少用，频繁发出行动呼吁会让大家觉得你在贴废文，但在你使出一系列直拳后，偶然来一记右勾拳是可以接受的。现在Instagram上很少人用右勾拳，使出右勾拳可能让人眼睛为之一亮，只是你我都心知肚明，一旦营销人员开始大量使用，这种技巧很快就会失效。

成功创作内容的小窍门（Tips）

1.**要让它很"Instagram"**：大家喜欢Instagram是因为目前的帖文质量都不错，大家上Instagram不是为了看广告跟图库的图片。真正的Instagram帖文要有美感，而且不商业化，请用你的内容展现真实的自己，而不是商业化的自己。

2.**接触Instagram时代**：学着让Instagram为你工作，它就能成为你接触下个时代新媒体用户的渠道。孩子的爸妈还在用Facebook，但他们已经在用Instagram了，我深信他们以后会持续使用，就像2011年我相信Facebook会买下Instagram一样坚定。Facebook在2012年的春天，真的砸下10亿美元的现金跟股票收购Instagram。消息发布的第二天，我在皮尔斯·摩根（Piers Morgan）的节目上公开支持Facebook的做法，当时我给出的解释是：你去看线上内容一路的演进，从Flickr到MySpace，再到Facebook、Tumblr和Pinterest，就会清楚看到照片的重要性越来越高，逐步成为新媒体世界的主流。2011年，Instagram的势力开始不断扩大，大到让

Facebook无法忽视。虽然Facebook功能众多，包括动态消息、专页、广告等，但Instagram用移动设备和图片建立的服务，依然对想在照片分享平台称雄的Facebook造成威胁。事实上，Instagram是目前唯一在这方面威胁到Facebook的平台，逼得Facebook非把它买下来不可。我在节目上说Facebook才花10亿美元，算是赚到了。当时很多人嘲笑我的发言，但你现在去看看，谁还笑得出来？

3.为主题标签疯狂：主题标签在Instagram上扮演着重要角色，甚至可能超越它在Twitter上的重要性。如果说Twitter上的主题标签是杯子蛋糕上的巧克力脆片，Instagram上的主题标签就是整个杯子蛋糕。在Twitter上，主题标签只是你每天玩几次的幽默或嘲讽，但你在Instagram上的主题标签永远不嫌多，你大可以在帖文中连续放五六个，甚至十个主题标签，这是个不错的沟通方式。就算你不希望帖文上塞满主题标签也没关系，可以改放到照片底下的留言中，两种方式的结果一模一样。点一下主题标签，用户就能看到一整页，满满都是具有相同主题标签的图片，没有比这个更容易建立品牌知名度和吸收关注者的方式了。主题标签是把人引进来，发掘你的品牌的产品展示廊，没有它们就没有曝光度。

4.让你变成值得探索的品牌：Instagram上最惊艳、最触动人心的内容，会被导入一个叫作"探索页面"（Explore Page）的页面，只要登上"探索页面"，就算用户没有关注你，也看得到帖文。Instagram强力宣称点赞的次数不是贴图能否登上"探索页面"的唯一标准，但它绝对是重要考虑。登上"探索页面"会大幅提升品牌形象，让品牌更上一层楼，大部分的小公司，甚至《财富》500强的大企业几乎都挤不进这扇窄门，但是正在看这本书的人都应该特别注意这个大好机会。

Ben & Jerry's
班杰瑞冰激凌：分享爱和关怀

Ben & Jerry's冰激凌的这则微故事非常符合Instagram的口味——留白且甜蜜。他们的产品看起来也很有时尚感，所以即便品牌商标是在Instagram上挥出优秀直拳的关键点，但他们没有放也没有关系。

全国性大品牌特别点出某个粉丝的做法很棒，这张照片其实是一个瑞典人在准备吃点心时拍出的照片。你甚至可以看到Ben & Jerry's和摄影者互动的全过程——班杰瑞冰激凌赞美她，希望能在自己的页面上引述她的专页（Instagram.com/ebbawallden）。如果要做得更精细，Ben & Jerry's冰激凌可以设计让读者点击"喜欢"的时候，页面上浮出的那颗爱心与照片中的心形碗重叠，让人会心一笑。

benandjerrys
和平，爱，冰激凌#周五粉丝照片
（#fanfotofriday）via @ebbawallden

GAP
盖璞服饰：抓住新媒体背后的"社群"

gap
万圣节快乐！@Snackbpc，感谢你雕刻出这么经典的万圣节南瓜。

来看看对朋友伸出援手后，会发生什么事？他在盖璞工作，问你可不可以借用你精湛的雕刻技巧，在南瓜上刻盖璞的商标。你答应了，并且把成品上传到Instagram。一周后，你想到要加上一些标签：#南瓜（#pumpkin）、#盖璞（#gap）、#品牌商标（#logo）。理所当然地，你收到盖璞的信息，问你可不可以把照片分享到他们的Instagram上。

以节庆为主题的动态通常很吸引人，盖璞要是放走这个用直拳试探粉丝的大好机会，又没和这个帮他们打广告的Instagram用户互动，那它就真的疯了。从这则动态可以看出盖璞知道新媒体的背后是"社群"，而且懂得挑选Instagram上的定制化内容。

Gansevoort Hotel
甘斯沃尔特酒店：一个爱的故事

这张用得巧妙又有美感的照片是很杰出的一记直拳。这种照片会在读者滑过动态消息页的时候，瞬间触动他们的心。

这则动态好得无话可说的原因，在于它是专为平台打造的，当你连续点击两次照片，送它一颗爱心（点赞），那颗爱心会几乎跟海滩上的爱心融为一体，这应该是他们特别裁切照片才达成的效果。再加上精心挑选的主题标签，这则动态是经典又有趣的微故事，正是读者想分享的帖文。

 gansevoort
西印度群岛中的土克岛和凯科斯岛打赌，赌你一定是个#海滩（#beach）爱好者。

Levi's
李维斯牛仔裤：错失良机

如果这则动态的目标是要"亮瞎"Levi's在Instagram上的追随者，那可以说是非常强大的右勾拳，但如果不是，我就想不透Levi's的目标是什么了。

这应该是一则有创意的节庆主题帖文。大家总是喜欢用节庆当帖文主题，因为它可以带来惊喜、怀旧或期待感。但Levi's这则动态却完全没有办法激发任何情感，既没说故事，也没有和粉丝互动，对品牌完全没好处。

如果是卖电灯泡的，或是电器公司的Instagram账号发出了这则帖文，那么就有意义，但它跟牛仔裤有什么关系？这感觉就像有人一边翻找图库，一边想着要怎么让它符合节庆主题。Levi's平时很懂得经营品牌，但发出这种帖文实在让人失望。

levis
祝你与你所爱的人，都有个闪亮的节庆假期。

OAKLEY
欧克利太阳镜：割舍掉不该割舍的

 oakley
整个一周都陷入沙坑吗？
还有谁没看过#巴巴·沃森（#bubbawatson）的气垫船？
快来看看吧：http://oak.ly/13Vv5l

逛一逛OAKLEY的Instagram专页，会看到一张张美照，展示他们一系列太阳镜和其他运动装备，但却有人发了这则"垃圾动态"，破坏版面。这则动态背后的故事其实隐藏很大的爆发力，被这样白白浪费实在很可惜。

OAKLEY和2012高尔夫球名人赛冠军巴巴·沃森合作，推出全世界第一台气垫船高尔夫球车。这台机器很神奇，可以轻松划过平坦球道、水障碍，甚至是沙坑，而且因为船身与地面之间有"气垫"，所以不会留下痕迹。这则影片就是用来推广这个名为"布巴气垫船"的新发明，吸引超过300万人次观看，也得到媒体大幅报道。OAKLEY自然想确保自己在Instagram上的粉丝不会错过这个消息，加上高尔夫球名人赛即将揭开序幕，它更是急于宣传。

我猜（纯猜测）OAKLEY衡量这则动态成不成功的方式，就是看它为这则影片创造多少点阅率，这就是他们失败的原因。你没办法在Instagram上放外部链接，而几乎没有人会花时间复制你的链接，再贴到网址栏。因为OAKLEY在乎影片的点阅率，胜过思考怎么设计好的帖文内容，所以它没有尊重平台上这群年轻又有创意的用户。OAKLEY应该用这个平台上的方式说故事，放一张气垫船的帅照，或许可以从不同角度拍，或是想想怎么样用更有创意的方法拍摄，吸引Instagram用户到OAKLEY发布这则影片的网页。但OAKLEY的做法却是放一张模糊又没有主题的影片定格照。OAKLEY的这则动态，还是有人给他们点赞的，但是他们这种虎头蛇尾的执行力，绝对让他们错过非常多的互动机会。

The Meatball Shop
肉丸店：用超强行动呼吁绕过Instagram的弱点

 meatballers　　　　　　　　　　　　　　　16w

#全国肉丸日（#NationalMeatballerDay）快乐！在@meatballer专页上，标记你宇宙无敌酷炫的肉丸时刻，并且以#全国肉丸日 为主题标签。最有创意的前三个贴图，就会得到我们的限量黑金绞肉机球帽喔！

在Instagram上不能放外部链接，要使出把流量转化为销量的右勾拳并不容易，但还是做得到。关键就是要在内文中放入格外激励人心的故事，让大家愿意响应你的行动呼吁。The Meatball Shop利用这一点成功营销，它们是这样做的：

>一开始就抛出聪明的商业构想：塑造肉丸的精致美食形象；
>靠肉丸的精致美食形象走红；
>善用疯狂但真实的节日：全国肉丸日；
>贴出"Instagram感"十足的照片。

附上主题标签，并且让内文变得具游戏性质：鼓励追随者上传自己最喜欢的"肉丸时刻"照，就有机会出现在The Meatball Shop的Instagram和Twitter专页上，并且能获得The Meatball Shop自制的绞肉机球帽。

追随者中有1%的人和这则动态互动，这对一个追随者很少的小公司而言，已经算很多了。

本书中，因在Instagram上挥出无比完美的右勾拳而得到赞美，会让很多人都注意到这家店，并对美味肉丸垂涎欲滴。

Bonobos
男装：智能的跨平台"助攻"

bonobos
就在今晚！在Vine上输入#Fit4Fall，跟着我们抢先看

Bonobos（一个美国男士服装购物网站）刚起步的时候，是网络限定的时装品牌，在互联网世界扎根很深，因此当他们开始挖掘新平台固有的全新可能的时候，Bonobos自然能展现惊人的科技敏感度。利用各个平台相互助攻，是在各处建立品牌知名度的好方式。在这则动态中，Bonobos的巧妙之处在于他们用一记右勾拳邀请关注者到Vine去一窥今年的秋冬新装。看看他们如何善用主题标签文化，又如何仔细地把Vine的商标放在右下角。他们的照片成功留白，充满艺术气息。

Bonobos照顾到所有细节，所以才能在成功挥出右勾拳的同时，延续专业、创新的品牌形象。

SeaWorld
海洋公园：随便，随便。随便！

如果你平常表现很好，那么失常的时候往往特别明显。海洋公园在Instagram上通常都会发出宣传力强、吸引人的内容，但这次却是个败笔，这则动态是我看过最烂的帖文之一。主题公园通常会尽量确保自己的活动看起来不容错过，但这则动态却让人感觉这个活动带给参与者的娱乐性和兴奋感，与大学乐队重新合体时办的演唱会差不多。图片模糊、左右两边的活动时间还被切掉了。海洋公园在想什么？胡乱挥出一记半吊子的右勾拳比乱用直拳更糟，海洋公园这则动态就是一记半吊子的右勾拳。

谁想来场乐队、啤酒和BBQ的盛宴啊？

Guthrie Green Park
格斯里绿色公园：表现得如真人一样

如果这座公园就在你家附近，你能想象把这张照片变成新媒体上的重要帖文吗？不会吧，是吧！但是这座公园却很积极地建立品牌资产，在Instagram上灵巧地使出直拳。它转贴的这张照片，是由俄克拉何马州塔尔萨市的居民和到公园玩的游客拍摄的，格斯里转这张照片的举动，就是一般用户会做的，因而提升它的影响力。

这个品牌缘起于地方小区，因此它很清楚如何与新媒体互动。我很喜欢跟大家分享抓到诀窍的组织，更喜欢放眼未来。未来，这座公园将不再特立独行，因为所有新创公司、新企业和新名人，都将知道如何在新媒体上做出定制化、平台化的内容。

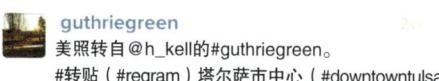

guthriegreen
美照转自@h_kell的#guthriegreen。
#转贴（#regram）塔尔萨市中心（#downtowntulsa）

Comedy Central
美国喜剧中心：串联新媒体

这是一张自拍"柜"，懂了吗？超级好笑。

我常常骂别人照片质量太差，这张照片的质量其实也不好，但是内容却好到我可以原谅它。虽然照片质量差，但它很真实、整体感觉很自然、没有经过加工。看到自然、随机、浑然天成的笑话，读者会觉得这是很单纯的个人帖文。然而，真的让

comedycentral
#书架自拍（#shelfie）

这张照片胜出的是它的主题标签"#自拍柜"（#shelfie），这比之前我在Instagram上看到的其他所有主题标签都好笑，是"#自拍照"（#selfie）和"#柜子"（#shelf）的双关语。这个双关语好笑、高明，符合品牌风格，大大提升品牌形象。群众会分享这类帖文，而且是大量转载，喜剧中心真的很懂得利用Instagram的力量，不管世界如何运转，喜剧中心都成功地利用这个平台，把新媒体串联在一起，为大家创造欢乐时刻。这样的时刻是无价的，唯有真正了解新媒体，才能变出这样的魔法。

在Instagram上帖文之前,请问自己:

对Instagram的用户群而言,选图是否有美感,留白是否足够多?

是否加上了叙述性高的主题标签?

故事能否吸引年轻族群?

ROUND 7

让图片在Tumblr上动起来

- 2007年2月创立
- 2013年6月时,独立用户(unique users)超过1.32亿
- 每天发布6000万新帖
- Tumblr原本是在WordPress▲直到2008年5月才独立
- Tumblr每推出一个新功能,就会移出一个旧的功能
- 访客平均停留时间为全球第一(Facebook排名第三)
- 2013年5月19日,被雅虎(Yahoo)以11亿美元的价格收购

> WordPress是一个开源的内容管理系统,专注于美感、网页标准和易用性的个人博客发布平台。

不是每个人都习惯Tumblr，它的用户年龄层偏低，主要介于18~34岁之间，女性用户占比稍微多一点。如果说Twitter是嘻哈风格的，那Tumblr就是独立摇滚乐。Tumblr充满艺术气息，是摄影师、音乐家和平面设计师的展览空间。虽然Tumblr的规模不如Pinterest或Instagram，但它依然是值得关注的营销平台。

我对Tumblr有莫名的好感，2009年甚至出钱投资它。我的事业刚起步时，我就是Tumblr的超级粉丝了，不只是因为它好用，还因为它特有的格式。Tumblr的"极简风"格式适合篇幅短、突出视觉效果的帖文。事实上，Tumblr的年轻创办人，年仅26岁的大卫·卡普（David Karp）创立的原因，正是因为他想写网志，但却发现传统博客平台上的"超大空白文本框"很吓人。他和我遇到一样的问题：有很多想法要分享，却讨厌写作。用户浏览网页时，开始看到一则则随机四散的微小内容，Tumblr的"水果沙拉"（obstalat，德文）格式提供给这些内容一个完美的平台。

很多人把Tumblr定位成网络杂志平台，但它在2007年成立后，不出几年就超越那个定位了。2012年1月，首度推出精简的"仪表板"（dashboard），让用户链接到所有Tumblr的功能，显示它想要"Twitter

化"的企图，也可以看出它已经演化为成熟的新媒体网站。新功能推出当月，创办人卡普接受《福布斯》杂志专访，指称Tumblr为"媒体网络"（media network），那是什么？什么都是，但要善用这个平台，品牌需要把它视为可以"形塑品牌且独特的"微故事展示空间和"拳击练习场"。

Tumblr如何帮你擦亮招牌

Tumblr是无可匹敌的品牌建构平台。你可以从Tumblr推出的一系列"主题"（Themes）中，挑选个人首页背景，再按照个人喜好调整，还可以创造完全定制化的外观，用来完整呈现你的品牌，再透过内容说故事。颜色、格式、字体、图片编辑、商标摆放位置全由你决定，你可以无限制地发挥创意，不像在Facebook上，你总是被局限在Facebook的"统一样式"中。就算Twitter的个人专页有一些用户定制的选项，用户滑动手机的时候，还是像在看拉霸机（Slot Machine，也称为"吃角子老虎机"）上拉动把手后迅速跑过的模糊文字，但让你完全控制页面外观，这意味着品牌又有尝试崭新、具创意的说故事方式的机会了。

Tumblr为什么独特？

Tumblr和Facebook、Twitter不同，它不是通过你认识的人建立关联，换言之，不是利用社交图谱建立人与人的关系，而是原创的兴趣图谱（Interest Graph）平台。在Tumblr上，用户依自己的兴趣建立关系，你只要端出一盘秀色可餐的食物，人群自然会找到你，而且在Tumblr上，你有一道格外诱人的佳肴——其他新媒体上无法张贴的GIF动画。

GIF是"图像互换格式"（Graphics Interchange Format）的缩写，这个全名完全没办法解释它是什么，但你一定看过这种图片。连《牛津英语辞典》（*Oxford English Dictionary*）都把GIF选为2012年美国的年度代表字，GIF的普及性可见一斑。如果你经历过《甜心俏佳人》（*Ally McBeal*）的年代，一定记得每隔一段时间就会出现的跳舞娃娃，那就是早期的GIF动画Meme。现在，你可能会看到有人贴出三秒钟循环播放的图像，看美国脱口秀主持人奥普拉（Oprah）穿越人群，或是静态风景照中的树木随风摇摆，这些都是GIF动画。人们也会用GIF做真人表情符号，例如用GIF动画播放名人张大嘴巴的样子，代表惊喜或惊吓。

GIF动画已成为全新的文化活动和表达自己的方式，而Tumblr是最常使用GIF的平台。人们用GIF动画创造惊人的艺术，把平凡的图像变成奇幻小世界。鱼的照片很美，鱼的嘴巴不断张开的照片则是惊喜、有趣、戏剧性又有动感的。你可以把Twitter大头贴设成GIF动画，但基本上，除了Google+以外，没有其他新媒体像Tumblr一样，让你利用如此惊艳、有力的工具说微故事。

然而，Tumblr的用户和Pinterest、Instagram这些以图像为主的网站相比，少得可怜，面对这么少的用户，为什么在Tumblr上可以用GIF说故事还是有其重要性？依据在Tumblr上做的非科学性比较，一般而言，人们面对动画图时，互动的程度远超过和静态图片的互动。在华丽的图片旁边放上一张无趣的图像，前者得到的爱心（或"赞"）却往往只有旁边那张图的三分之一，只因为那张无趣的图是GIF动画。营销人员的工作是要让客人感到惊喜和惊奇，而GIF动画这个新兴的工具，正好可以加入许多惊喜和惊奇的元素。

为什么Tumblr是超棒的拳击练习场？

Tumblr一直比较偏刊登平台（publishing platform）而不是消费平台（consumption platform），多数人是来发文，而不是浏览帖文。但用户还是会吸收信息，只是浏览的速度快得惊人，这就是为什么Tumblr很适合移动设备：因为用户只要一直滑、滑、滑，就可以欣赏无止境的、美丽甚至难忘的图片。

在Tumblr上使用直拳战术的机会显而易见——利用能凸显品牌特色的惊人艺术作品说故事、打造品牌形象。Tumblr本身和它的用户都是艺术派的，以国家做比喻，Tumblr不是做简单手工业、便签簿的中美洲地区，而是充满都市阁楼、自行车和游戏眼镜的美国。想让用户放慢滑手机的速度，甚至是停下来表达同意——单击一个爱心、给你一个赞，或是用便签（Note）回应你，就要先仔细研究Tumblr，了解大家想看什么，用这个平台上的专属语言与他们对话，尽可能运用GIF格式。Tumblr靠分享内容的简便性将新媒体紧密连结，你大可以引用别人的帖文内容，加上自创内文再贴到自己的博客。最后，要记得加上大量细节标签，让想要找相关内容的人，都可以找得到你的帖文。

以直拳战术而言，Tumblr是个非常成熟的平台，可以让你大展身手，至于右勾拳，不是不能打出，但要挥拳时得非常、非常小声。你偶尔可以在帖文底部加上链接，让用户连到你的网页或零售页面，如果内容够好，读者看到链接会很高兴，希望能购买你超酷的商品或服务。此外，就像其他平台一样，要睁大眼睛搜寻把流量转化为销量的机会。就算你不觉得Tumblr是最适合你的平台，早一点开始用，让自己习惯它还是比较好，这样等你的对手发现他错过机会的时候，你已经垄断市场了。

我快写完这章节的时候，雅虎砸下11亿美元买下了Tumblr，但我相信这些技巧依然适用。身为Tumblr的投资人，我的想法或许有些偏颇，但我不认为这次收购会对这个平台带来大幅改变，雅虎八成会放手让大卫·卡普不受约束地一展所长。或许Tumblr上会多一些更扰人的广告，但如果雅虎希望长线经营的话，它操纵这个平台的方式就会像当年Facebook买Instagram一样——放手别管。

Life
《生活》杂志：成功架起几代人之间的桥梁

生日快乐，马龙·白兰度（Marlon Brando）——让我们用他刚出道时的珍贵照片庆祝吧！
《生活》杂志从未刊登的私藏照——1949年，马龙·白兰度为第一部电影《男儿本色》（The Men）受训时，中途小歇。
（Ed Clark——Time & Life Pictures/ Getty Images）

Tweet 0　　Like 3

3 APRIL

刚刚提到Tumblr的优点之一是它提供属于GIF动画的平台，打造年轻、"潮人"和前卫公司的集散地。然而，本书中最好的一则Tumblr帖文，却没有用到GIF动画，也不是特别前卫的公司做的，而是一张首度在杂志上曝光、60年前拍摄的黑白照片，甚至这份杂志已经退出了市场，除了特刊可能出现在杂货店，否则只有在网络上看得到了。

这则帖文值得称赞的原因如下：

>非常"酷"：Tumblr用户追求"炫酷"，那么还有什么比马龙·白兰度更酷吗？《生活》杂志是图片新闻的创始者，但就算对这本杂志的历史没兴趣的人，还是会被这张照片吸引，好奇是哪间公司贴出的文章。

>搭上即时流行文化：马龙·白兰度的生日当天，他的名字铁定会是全球性的话题之一，《生活》杂志选在这个时间点，而不是随机抽选一天发布这张图片，让他被消费者和其他出版商看到的机会大增。

>内容有特殊性：《生活》杂志公布这张未曾公开、一直藏在数据库里的照片，建立一种追求独家、有深度的形象，这正是用户要找的。这则帖文很可能被传播出去，因为消费者会为了成为朋友中第一个发现这则帖文的人，而急于分享。

《生活》杂志这则动态，执行得面面俱到，只要继续保持，就能接触年轻族群，替这个"老字号"杂志建立在年轻人中的知名度。

Paul Scheer
保罗·舍尔：用故事推销自己

梦想真的会实现！

你一定看过保罗·舍尔，只是你不知道而已。他是美国的二线谐星，而且坦白说，"二线"这等级还太高了点，他其实是个标准的"三线"喜剧演员，门牙中间还有个像大峡谷一样的大空隙。

事实上，他参与的演出不胜枚举，从卡通频道（Cartoon Network）的分支公司，深夜档的成人卡通频道Adult Swim播出的刑警推理剧《反恐也疯狂》（*NTSF:SD.SUV*），到《我为喜剧狂》，再到美国儿童节目《嘎巴宝宝》（*Yo Gabba Gabba*），最近则是在FX电视台播出的梦幻橄榄球喜剧《联盟》（The League）中，饰演配角。舍尔非常喜欢AMC原创电视剧《绝命毒师》（Breaking Bad），他建了一个Tumblr博客与粉丝分享《绝命毒师》的相关信息，确定他们持续关注这部电视剧。如此一来，也让大家注意到他。舍尔确实值得关注，因为他真的很聪明。

>善用为平台量身定做的内容：GIF动画是新媒体用户的最爱，甚至被奉为新艺术形态，有人说："如果达·芬奇（Leonardo da Vinci）现在才画《创世纪》（Sistine Chapel），他就会用GIF。""我知道《创世纪》是米开朗琪罗（Michelangelo）画的，但他也会用GIF！"Tumblr是GIF动画的唯一舞台，而舍尔懂得善用Tumblr的特长。

>利用流行文化：舍尔的粉丝非常喜欢《绝命毒师》，所以他不和《绝命毒师》抢版面，而是通过Tumblr参与既有的话题讨论。

>推广品牌，而不是推销品牌：舍尔没有直接推销自己，而是利用博客说故事，为欣赏他搞怪个性的粉丝创造新媒体社交。除了《绝命毒师》的粉丝外，喜欢迷幻彩虹（Psychedelic Rainbows）和彩虹猫（Nyan Cat）的人也会注意到舍尔，邀请朋友去看他的博客。如此一来，粉丝对舍尔的欣赏和对博客的兴趣，就不会随着《绝命毒师》的完结而消逝。

舍尔利用Tumblr营销自己，踏上通往"一线明星"之路，就像喜剧演员贝蒂·怀特（Betty White）和路易斯·C.K.（Louis C.K.）一样，巧妙搭上流行文化和科技的顺风车，汇聚势力，再创职业生涯高峰。

Smirnoff
斯米诺伏特加：错得一塌糊涂

喔，我的天啊！斯米诺，你怎么会想贴这种文章？这则帖文显示你根本不懂Tumblr的运作方式！根本不懂！！

>**空洞的文字**：你对粉丝说："想不到喝什么酒？快来@SmirnoffUS的Twitter专页。"他们会如何响应你？在这则帖文中有什么新东西，让酒友们相信斯米诺讲得出有趣的内容吗？

>**没有链接**：如果帖文目标是鼓励粉丝在Tumblr上关注斯米诺伏特加，加上链接应该比较合理吧？消费者的注意力只能集中"一下子"，那"一下子"简直和蚊子一样小，你要尽可能帮他们做完所有的工作。

>**无聊的照片**：在可以上传时尚且吸引人的GIF动画平台上，选择用静态图片营销是很糟的决定。如果照片稍有美感一些，像20世纪90年代的瑞典"绝对伏特加"（Absolut）那样，或许还有传播的余地。然而，这张斯米诺的图库照片能带给消费者什么价值吗？让酒瓶左右摇摆都比这张图片有趣！

Fresh Air
电台节目：了解自己的观众

POSTED ON 10 APRIL, 2013　188 NOTES | PERMALINK　Reblogged from nightowlauthor

我上周生病，几乎没进办公室，所以没能好好地在Tumblr上，向已逝的编剧兼小说家露丝·鲍尔·贾华拉（Ruth Prawer Jhabvala）致敬。贾华拉最有名的剧作应该是她为伊斯梅尔·莫香特（Ismail Merchant）和詹姆斯·伊沃里（James Ivory）写的剧本，包括《看得见风景的房间》（*Room With A View*）和《霍华德庄园》（*Howard's End*），这两部影片为她夺下两座奥斯卡最佳改编剧本奖。贾华拉享年85岁。

《纽约时报》报道：

"从1963年开始，过去40年来，贾华拉和莫香特导演、伊沃里导演共合作22部电影，每部都从不同角度检视文化，特别是已逝的文化……

"演员绝大部分是国际一流影星，而且以英国人为主，如：玛吉·史密斯（Maggie Smith）、安东尼·霍普金斯（Anthony Hopkins）、艾玛·汤普森（Emma Thompson）、丹尼尔·戴-刘易斯（Daniel Day-Lewis）、海伦娜·伯翰·卡特（Helena Bonham Carter）和范尼莎·雷德格雷夫（Vanessa Redgrave）。电影《末路英雄半世情》（*Mr.&Mrs. Bridge*），改编自伊凡·康奈尔（Evan S.Connell）的小说，现实生活中的夫妻保罗·纽曼（Paul Newman）和乔安妮·伍德沃德（Joanna Woodward）被招揽为男女主角。

"然而，贾华拉的写作功不可没。她写出精巧细致的对话，精辟解析社会阶层和道德细节。"斯蒂芬·霍尔登（Stephen Holden）在《纽约时报》上写道。

上图堪称史上最经典的屏幕之吻，截取自电影《看得见风景的房间》，由朱利安·山德斯（Julian Sands）和海伦娜·伯翰·卡特领衔主演。

Ruth Prawer Jhabvala RIP Oversights

美国全国公共广播电台（NPR）是个沉稳的媒体，却经常展现出惊人的机敏，它成功把自己从广播电台重塑为数字平台上的信息传播者和娱乐提供者，令人敬佩。该电台制作的艺术文化类谈话性节目Fresh Air通过这则完美的微故事，显示它和制作者一样，真有对情感的敏锐度。

>定制化内容：GIF动画唯一的缺点就是很难在书上呈现，所以你得连上Fresh Air的Tumblr博客，才能看到动画的效果。不过这则纪念编剧贾华拉的文章，展现完美的执行力，也的确值得你特别到网站上浏览。在莫香特监制、伊沃里导演的电影《看得见风景的房间》中，由朱利安·山德斯饰演的乔治热情地亲吻露西（海伦娜·伯翰·卡特饰），这则GIF动画反复播放这个经典场景，当时的海伦娜看起来甜美纯真，和后来在《哈利·波特》中饰演食死徒贝拉特里克斯·莱斯特兰奇（Bellatrix Lestrange）的形象相差甚远。

>品牌专属文字：Tumblr用户通常不习惯看这么长的文章，但这则动态是特别为全国公共广播电台的观众设计的。该电台的观众大多热爱阅读，贾华拉去世时，全国公共广播电台却没有马上在博客发布消息，这有些反常，因此帖文者特别向读者解释原因。此外，这则帖文用个人的口吻、充满的艺术气息，让你感觉到博客的人情味。

Angry Bird
愤怒的小鸟：触动情感神经

这则帖文刊载在Tumblr的博客上，该博客入围了2012年网络界年度大奖——威比奖（Webby Awards）。Rovio娱乐推出手机游戏"愤怒的小鸟"掀起文化热潮，之后，愤怒的小鸟又和另一个文化试金石"星球大战"（Star War）结合，创造出超级成功的《愤怒的小鸟·星球大战版》（Angry Brids Star Wars）。这个博客走红的原因很多，但吸睛的关键只有一个，就是邀请新媒体加入，这种做法显示Rovio娱乐真的了解Tumblr。

>**他们邀请新媒体加入**：你也许认为Rovio娱乐公布的内容，都是由顶尖专业人士创作的，但如果你仔细看图片的左上角，会发现这根本不是Rovio娱乐的原创作品，而是粉丝的个人创作。Rovio娱乐特别标明粉丝的名字，确保所有人都知道这是粉丝制作的，这种手法非常高明。Tumblr就像大家庭一样，是个深度连接的新媒体，而聪明的Rovio娱乐想到让追随者参与博客创作，就能让他们对博客投入更多感情，成功建立新媒体并提升品牌知名度。

Late Night With Jimmy Fallon
吉米晚间秀：让杰出之火越烧越旺

吉米·法伦的Tumblr博客充满转贴内容，这些内容都是粉丝用他的节目截图所做的GIF动画。法伦的博客是在Tumblr上讲故事的典范，帖文主角都是他访谈的对象或戏剧演员搭档——例如艾米·波勒（Amy Poehler）和蕾塔·瑟丽夫（Retta Sirleaf）——他们夸张的面部表情和搞笑台词的娱乐效果十足。以这则微故事为例，法伦用了两张GIF动画图，作为吸引大家的诱饵，引诱大家点击到YouTube上面看他和亚当·斯考特完整的对谈。这则帖文各方面都很成功：

亚当·斯考特（Adam Scott）谈"迈向不惑之路"。via stupidfuckingquestions

>利用粉丝创作的内容？有！
>特别点明创作的粉丝，让其他用户可以找到她？有！
>广为流传？任何年届四十，或身边有不惑之年的朋友的关注者，都会想分享这则动态。超过2000人关注这则动态，算一算它被点了几次赞或有几个人转发（2230个），就可以想象追随者们肯定真的分享了。

Amazon MP3
亚马逊MP3商店：单刀直入

负担得起的奢华：贾斯汀·汀布莱克（Justin Timberlake）的《完美视界》（The 20/20 Experience），星期一之前只要$7.99。

我爱这记右勾拳，光是它的存在就让我开心。亚马逊MP3商店虽然冠上亚马逊的名号，却没有享受到母公司的品牌知名度，所以它的销量排名和一般零售商其实相差不大。很多人问我，零售商要如何在新媒体上营销，这就是一个很好的范例。

简单估算一下就会发现Tumblr上很多黑白照片，这点还挺有意思的。不过亚马逊MP3显然是想推销贾斯汀·汀布莱克的专辑，专辑封面原本就是黑白的，所以他们会用"Tumblr上流行的"黑白照也许只是巧合，但无论如何，这个团队都懂得善用这张吸睛、戏剧化的图片。

>**图注活泼创新**：图注让观众觉得新鲜，把专辑变得活泼，只用了"负担得起的奢华"这几个字，就让人觉得这张唱片物超所值。链接把观众直接导向产品和商店，不需要再找网页。最后，价格就写在图注里，星期一之前的售价为7.99美元，不害羞、不忸怩，一副准备好让人下单的气势。

>**这则微故事体现了本书传达的核心信息**：如果你的直拳技巧高超，持续试探，用幽默小品、娱乐信息、实时新闻带给客人价值，当你大声说"现在就买吧"或"买这个！"，听起来就不会太霸道，像个大声叫卖的人。成功的直拳能为你换取单刀直入、挥出制胜右勾拳的权利。

WWF
世界自然基金会：浪费好资源

© WWF-Canon / Simon Rawles

你只需要上传一张新照片到Flickr。http://bit.ly/PEoiEU

当年世界自然基金会（World Wide Fund）逼迫和他们同简称为WWF的世界摔角联盟（World Wrestling Federation）改名为世界摔角娱乐（World Wrestling Entertainment），让喜爱摔角的我心痛得不得了。这次批评他们算是我小小的"复仇"，让我忍不住窃喜。

世界自然基金会的博客上放了很多精美照片，这张男人把男孩抱在腿上的图像也是其一。然而，世界自然基金会却没能让读者对它留下印象。该基金会支持的议题并不算无趣，但是他们的Tumblr博客却像个空荡荡的沙盘一样，了无新意。这则帖文没有吸引人的故事，不会让人对照片中的人物产生好奇，也没有明显的行动呼吁。

>**生硬无聊的内文**："你只需要上传一张新照片Flickr。"然后呢？然后，当我们点击链接连到Flickr页面，映入眼帘的却是一堆无聊的内容，一看就是从数据库复制贴上的，完全没有故事性。

>**极弱的行动呼吁**：想多了解这张照片，我们得连到世界自然基金会的页面。照片主角是一名婆罗洲的社区领袖和他五岁的儿子，世界自然基金会指出这个社区正参与西库台计划（Kutai Barat），计划目标是"协助马哈坎河沿岸的社区保有土地和生存技能"。接着，你会发现Flickr上唯一的链接是连往世界自然基金会的官网，而不是西库台计划的相关网站。

世界自然基金会满手的资源，让它有能力在Tumblr上编织好故事，但它却完全没发挥潜能，白白浪费了这些资源。

Denny's
丹尼斯松饼：美味行动

一层一层又一层的松饼
Source: dennys

丹尼斯松饼在Tumblr上有不少佳作，这则是其中之一。

>超棒的GIF：他们懂得利用GIF动画的优点。动画中的叉子不断翻动一块还在冒热气的松饼，糖浆则从一旁缓缓滴落。

>超棒的链接：看看这则动态，把目光移开GIF动画，你会看到四个超大链接，连到公司的Twitter动态消息、Facebook专页、Tumblr档案和公司网站，你不可能忽略这些链接。

>超棒的文案：文案借用饶舌歌手YC最热的新歌Racks，把歌曲中的"层层钞票"改成"层层松饼"▲，显示这个品牌虽然传统上是卖给全家人一起或已退休的人，但它也知道要怎么和21世纪出生的孩子对话。这则帖文实在太棒了，它好到连在Tumblr上有广大追随者的网友辛内瑟基（Synecdoche）都被吸引，转贴到自己的页面与粉丝分享。辛内瑟基通常站在企业的对立面，替大众发声，连她都夸奖丹尼斯松饼，代表丹尼斯松饼符合大众的口味。这样的口碑影响力大到可以让一车车爱饶舌的Tumblr用户，开进丹尼斯松饼的停车场。

> 歌词中不断复诵的racks on racks是美国俚语，指一把把的钞票层层相迭，即超级富有。

Target
塔吉特百货：正中靶心

Target百货的Tumblr博客，名为"分秒不差"（On the Dot），名称取得巧妙。发布在博客上的这则动态语调完美、故事定制化，是一记制胜右勾拳。它展示洋装，特别是背后有镂空的伞摆款式，GIF动画在3.7秒内，让我们看完各种款式，包括黑色洋装附上细铆钉领口、黑白条纹、亮色碎花、绿松色配白色圆点，同时用动画展示洋装摆荡时的飘逸效果。

>版面干净：GIF动画在一片空白中显得突出，配上少许典雅的黑色文字。

>直接的行动呼吁：除了绿松色配波尔卡圆点仅限实体店购买外，动画下方附上三个链接，让你直接到Target网站购买你想要的款式。主题标签也选得很好。

Target的人很清楚自己在做什么。

背面镂空的伞状洋装
适合旋转
马上买：碎花 铆钉 黑底白点，绿松色配波尔卡圆点仅限实体店内购买

标签：春天 / Xhilaration品牌 / 波尔卡圆点 / 碎花 / 铆钉 / 黑色 / 白色 / 洋装 / 无袖 / 塔吉特 / 时尚 / 品味 / 塔吉特设计 / 分秒不差

GQ
《智族》：展现狂人般的Tumblr技巧

为了庆祝年代剧《广告狂人》（*Mad Men*）第6季首演，GQ在Tumblr上大声宣告"广告狂人节快乐！"，附上许多剧中演员参加鸡尾酒会的照片。以下是他们获得超过2000人关注的秘诀：

>关心流行文化：数百万人屏息以待，等着看他们最爱的"中世纪广告策划员"重新出现在屏幕上。GQ巧妙利用《广告狂人》的粉丝们对节目的热情，转为自家品牌资产。

>聪明的链接：不只是照片下方的链接，照片本身也附有外部链接，连到一篇内容丰富的文章——《GQ的<广告狂人>手册》。一年前，GQ抢在《广告狂人》第5季开演前夕刊登这篇文章。此处的链接提醒关注者，要去哪里找《广告狂人》的深度报道。

>恰当的标签：标签是Tumblr文化不可或缺的一部分，在这则帖文中用得很巧妙。它挑选的关键词包括："电视"、"约翰·斯拉特里"（John Slattery，饰演男配角）、"乔·汉姆"（Jon Hamm，剧中主角）、"唐·德雷柏"（Don Draper，饰演主角）和"广告狂人"。

在Tumblr上帖文前，请问自己：

主题背景是否经过定制，以符合品牌形象？

GIF动画酷不酷？

GIF动画酷不酷？

GIF动画酷不酷？

ROUND 8

其他充满机会的新兴媒体网站

每一年，世界都变得小一点，社交活动都变得多一些，人与人之间的联结更加紧密。创造能即时分享经验、想法和构想的内容，已经成为21世纪生活中不可分割的一部分，紧密程度高到我们如果"不"分享或与人联系时，还需要在新媒体上特别说明。这就是为什么除了既有机会之外，我们也应该考虑在还未成熟的新媒体网站上，使出直拳和右勾拳的潜在机会。

现代人越来越在乎新媒体平台的社交性，用户最后一定会改造这些平台，或是要求开发者做出调整，将社交性提高到大家的预期，因此任何还无法带给用户社交体验的新媒体平台，很快就会做出调整，只是时间早晚而已。

LinkedIn（领英）

- 创立于2003年5月；
- 两亿名会员；
- 每一秒有两个新成员加入；
- 超过280万家公司在LinkedIn上有专页；
- 2012年世界500强企业的CEO全部都有LinkedIn账号；
- 大学在读生和大学应届生是在LinkedIn上迅速成长的族群。

我预测在未来几年内，登录LinkedIn会像登录Facebook一样，变成生活中的固定活动。每一个新媒体都在我们的生活中扮演一个特殊的角色，就像英国古装电视剧中，虚构的《唐顿庄园》（Downton Abbey）里华美的房间一样，各有其用途。Facebook是我们的客厅，大家互相认识，共同娱乐；LinkedIn则是我们的图书馆，是讨论的场所。

LinkedIn正在努力吸引大家增加内容，让它从一般的新媒体工具演变成专业人士的集散地。LinkedIn模仿Facebook设计功能，例如让用户和自己的社交圈、朋友圈分享文章、心得和工作成果。LinkedIn也推出影响者平台（LinkedIn Influencers），让领导者针对自己的专业领域发文。LinkedIn的规模还不大，距离"霸主"位置还有很长一段路要走，但是它有一个优势：身为完全以商业为中心的网站，LinkedIn可以说是为B2B产业营销人员量身打造的平台，而这群营销人员到目前为止，还没有使用Facebook的强烈动机。LinkedIn是个有趣的平台，现在平台上的信息还不多，不会相互争用户，特别适合办公室用品供货商或律师说故事。但LinkedIn不只是替B2B公司服务，它也是所有企业和品牌使出直拳的地方，只要想想看LinkedIn上的用户消费力有多高，你就会更有经营的动力。虽然LinkedIn目前的重要性还不高，你不需要像在其他平台上一样迅速发文，但还是先"卡位"比较好。

LinkedIn对帖文长度的接受度较高，你可以自由地贴长篇幅的文章。试想大家上LinkedIn的目的是什么？他们想要信息、想找工作、需要人脉、想要遇到在专业领域中想法接近的人。你得找到有创意又聪明的方法，让保持着这些想法的用户觉得你不可或缺。你有很多种选择，可以表现得严肃、有想法，不特别绚丽夺目；可以避开我的天（OMG）或放声大笑（LOL）等网络用语，但依然在这个严肃的场合中，加上一些率真。为平台量身定做的内容是让你的品牌在LinkedIn上受欢迎的关键，帖文要与你提供给其他新媒体粉丝的内容不同，带给LinkedIn用户在其他新媒体网站上无法获得的价值。

Google+

· 创立于2011年6月；
· 5亿用户量。

Google+未来是否能成为主流营销平台，还是个未知数。目前，Google+的发展程度大概等同于2006年或2007年刚起步的Twitter。隐藏在新媒体平台后、网页版的搜索引擎优化是它的卖点。Google特别偏好自家产品，所以拥有Google+账号会影响你在搜索引擎上的排名，但即便是如此，目前也只有科技先锋在使用Google+而已，这群人正是当年最早上Twitter的"原班人马"。Google+的成长速度没有Twitter快，因为现在的选择比Twitter刚创立时多太多了，大部分的人就是对Google+这个单一产品兴趣缺失，因为它提供的功能和Facebook如出一辙。

然而，数据却没有反映实况。Google+把5亿用户当成用户基数稳定增加的证明，但这个数字是膨胀的，就像比弗利山庄（Beverly Hills）里主妇们讲出来的浮夸语句，因为要求所有使用Google产品（如YouTube）的人，注册Google+账号。仔细观察就会发现，Google+账户几乎都是静止的，注册数增加完全是靠Google的其他产品的规模和力量。

但如果在未来，Google Glass（谷歌眼镜）的技术能真正产品化，那

Google+就有机会和Facebook竞争用户的"心"了。原因在于Facebook和其他新媒体平台都拼命配合移动设备做调整，但可以预见，在未来，如Google Glass这样的拓展现实、现实增强设备会取代一部分移动设备，它让用户记录所见所闻，并且随时更新，把地图直接摆在用户眼前，依据指示显示Google搜寻结果，全程声控，不需要动手。有了这种科技产品，谁还需要手机？

未来的走向有两种可能。第一，Facebook开发出行动应用程序，让用户可以看到朋友在Google的新设备上浏览的动态消息。如此一来，新设备就会利用Facebook的规模增加自己的用户基数。第二，Google把产品设计成封闭式的闭环新媒体，强迫所有想用新设备浏览内容的人用Google+账户登录。如果新设备成功满足大众的想象，而登录Google+又是使用眼镜的先决条件，用户就会花更多时间经营现在几乎停摆的账号。现在Google不断让Google+融入其他人们喜爱的既有服务和装置，例如搜索引擎、Gmail、YouTube和Android装置，等到新设备真的面向大众，势必会旗开得胜。不过届时，营销人员倒不用绞尽脑汁重新规划内容策略，因为Google+和Facebook非常相似。

Vine

- 创立于2013年1月；
- 2013年6月，Vine获得约1300万用户；
- Vine创办1周后，Twitter上发布的几乎一半的视频来源于Vine；
- 每6秒钟，就有5个Vine视频被分享到Twitter。

虽然我们经常为了营销平台的种种限制感到气恼，但限制的力量其实十分强大，经常激发更有创意的说故事方式。这就是为什么我们应该关注Vine——这个Twitter最近刚收购，引起轩然大波的6秒循环影音平台，我们将会知道这些限制激发出多少惊人、有力的故事。目前很多潜在观众会跳过影片，因为他们不确定这支影片会花掉他们10秒钟还是10分钟（如果包含前置广告，时间还会更久）。6秒钟的限制会鼓励更多人看影片，对于拥有相关技能的营销人员而言，这是一个大显身手的好机会。

坦白说，我对Vine十分着迷，我认为保证在6秒内完结的影片，会把Vine推升为营销世界里的主流平台。对营销人员而言，这是个完美的产品，能够提供足够的变化，满足不断追寻下一次多巴胺刺激的浏览者。影片很短也让那些有时间压力的消费者，愿意试试看。有位父亲向我说，Vine对他15岁的女儿造成困扰，害她熬夜到凌晨3点还不睡，一直不停地看影片。当父亲问她原因，她说自己不是故意的，原本想关了，但又看到一则新的影片，心想："好吧，再看一则，反正才6秒。"

品牌和企业应该把探索Vine当成第一要务，如同和这些平台初创时期的用户会以年轻族群为主，吸引18岁到21岁的年轻人加入。然而，在24到36个月内，那个族群会大幅扩展，届时企业就必须加入战场。这个平台对YouTube的影响，和Twitter对Facebook的影响差不多，较长的影片比较适合在YouTube上播放，这些影片不会消失，但Vine会成为另一个影音平台的选择，和Twitter融合又让它更吸引人。动力还不够吗？想想看：2013年3月时，用户分享各品牌Vine视频的次数，是长视频的4倍。

这个平台还不够成熟，我没办法告诉你该怎么利用它，我能做的只有督促你关注影片编辑技巧。编辑和剪辑让长视频变得有节奏感和悬疑性，要在Vine

上说故事，编辑和剪辑也至关重要，很多人会对着同一个影像连续拍摄6秒，作品十分无趣，千万别犯这种错误。

在不久的将来，这个平台可能会经历一到两个大变革，而我和你们一样会使出吃奶的力气弄懂要如何随着它的演化，让这个惊人的平台发挥最大效用。我目前正在尝试集结世上最好的Vine用户，创立新的机构。

Snapchat（阅后即焚）

- 创立于2011年9月；
- 在2013年2月，每天有6000万条"短信"（snap）发出；
- 我的Snapchat名称是GaryVayner。

Snapchat成立于2011年，它提供的服务让用户可以发出在数秒内会自动消失的照片和影片，因此很快就被贴上"情色短信平台"的负面标签。然而很多人诡异地发现，比起情色照片，人们更常用它来传播视觉型的冷笑话。Snapchat的设立，是为了满足那些随时都在追求新鲜感，连1分钟都闲不下来的人，还有发文成瘾者。在Snapchat上，"我分享，故我在"。以前网络的运作是依照90-9-1原则，就是说，一般而言，90%的网络用户是在浏览内容，由9%的人编辑内容，只有1%的人真正创造内容，现在像Snapchat这样的应用程序即将改变这个原则，让比例较接近75-20-5。Snapchat不适合分享有深度的内容，也不是要制造长时间流传的"珍藏"，或是让未来的人拿来做个案分析，人们上Snapchat只是想喘口气，在快速娱乐自己之后，继续努力。试想如果某个品牌或企业很擅长用直拳为我们创造放声大笑的瞬间，帮助我们度过每天无聊的工作时光，那样的营销力道有多大？在这个平台上，你的内容也会比在其他平台获得更多的关注，因为用户知道你的内文在几秒内会消失，因此会尽可能确保自己没有错过任何一则帖文。

一如往常，这个新平台被贬为低价值的平台。有人说，Snapchat没用，没有人会把它用在重要的事物上，它没有价值。这些话我们都曾听过。Snapchat的实际价值引发的论辩，就像不久前大家为Twitter和Facebook的价值辩论一样。然而，眼见Snapchat上每天流传6000万则图片，显然已经有人看到它的价值，而随着平台渐趋成熟，这个价值只会不断增加。

目前这些平台提供的右勾拳机会有限，但这只是现阶段，并非永远。总有人会想到要怎么利用它，或许是我，也可能是别人，既然如此，何不让自己成为那个人呢？

ROUND 9

新媒体的致胜"金三角"

内容很重要，情境是王道，再加上努力，三者相结合，就构成了在Facebook、Twitter和其他平台以及各商业领域中的"成功金三角"。没有密集、持久、全神贯注、每周7天、每天24小时的努力，就算是把最好的新媒体微故事放在最恰当的情境中，也会像拳王詹姆斯·道格拉斯（James "Buster" Douglas）一样，在1990年与"真正的交易"伊万德·霍利菲尔德（Evander "the Real Deal" Holyfield）对战结束前，被无情地击倒在地。

本来以为可以拍成电影《洛基》（Rocky）续集，却演成一出悲剧。在道格拉斯和霍利菲尔德对战前九个月，道格拉斯神奇地击败了当时所向披靡的重量级冠军"铁拳"泰森（"Iron" Mike Tyson），因而享有全球重量级拳击冠军的头衔，那次胜利对15岁的我而言是很大的打击，没骗你，我懊恼到旷了一整天的课，一整天都躲在床上。

当时泰森已经蝉联了10次冠军，被认为是世界上，甚至史上最强的拳击手。反观道格拉斯，过去的纪录证明他是个不值得信赖的拳击手，力道经常过大。大家几乎全部支持泰森，没有人想过道格拉斯会胜出，甚至只有一家赌场愿意为这场比赛开赌盘，多数人只是等着看泰森要花多久才能把道格拉斯给击败。

然而，道格拉斯做了一件没人想到的事——他疯狂地训练。他母亲猝死是他发狂的部分原因，他表示："我知道妈妈正在某个地方说：'那是我的孩子，他做得到！'我觉得如果自己不尽力，没有发挥实力，妈妈通向天堂的路就会走得很艰辛，我不希望这样的事情发生。"但还有一个原因是他之前曾见过泰森，没有觉得泰森特别强，不认为泰森像大家说的一样是无法击倒的怪物，他想证明这一点。在他与泰森在拳击场上对战前，道格拉斯已经把卧推重量从180磅加到400磅，减重超过30磅，也看过无数泰森出赛的影片。他研究泰森的技巧，分析他的弱点，并在他的教练和训练人员的协助下，构思出击败泰森的策略。

道格拉斯的努力有了回报，虽然在上场前还因为感冒而卧床24小时，但他还是用一系列强力、自信的直拳猛击泰森，直到泰森的眼睛肿到几乎张不开，靠外围绳索支撑才能站直身子。道格拉斯让职业生涯一路通畅的泰森得到了第一场失败。

努力可以弥补你的不足。现在这个时代，努力的重要性比过去任何时候都高。哪怕竞争对手是你的3倍强，是像大卡车一样的铜墙铁壁；哪怕他的营销经费等同于中等国家一年的国内生产总值（GDP）或是有几百名员工，而你却只身一人缩在公司办公室的一个角落，工具只有两台电脑、一台iPad和一只手机，真正重要的还是你为工作注入的努力。新媒体提供了接触市场的渠道，也给了创新、有毅力、敏捷的初创公司面对"企业巨兽"时的优势。然而，现在大公司就算百般不愿意，也终于开始投资像Facebook这样的新媒体平台了。因此，新创业公司再也没有过去那样明显的优势，两三个"非专业营销人员"没有办法像大公司的二十人团队一样，瞬间在各个地方建立群体。然而，他们还是可以靠努力赢得胜利，经费多少与和顾客互动时的努力、用心和真诚无关，当你比任何人都努力维持沟通质量和建立新媒体，即使你无法同时出现在所有平台也无所谓。

当你在Facebook上挥出绝佳的直拳和右勾拳，人们就会留言，而营销人员只要竭尽所能，有创意又真诚地参与这些讨论，就能比对手建立更大规模的关系网。记得标注（tag）想要谈话的对象，才能确定他们看到你的回复，并把他们带回你的页面与你对话。或许有人对黑色星期五的拍卖时间不清楚，或是不确定是否每家分店都会举办拍卖会，回到留言列表中解除这些疑惑，就能增强右勾拳的效果，也让你和客人之间的连结更稳固。

大公司可以比别人参与更多对话，但对话次数的多少不是重点，好的对话质量才会提升客户和品牌的关系。对话的时候，要表现得幽默、有趣，表示你在乎这些对话。人们喜欢吸收新信息，喜欢有娱乐性的内容，但这些东西他们随处可得，要建立扎实的连结和忠诚度，就要让他们相信你不只把他们当成一般顾客，也关心他们的个别需求。

人们经常会因为某个品牌费心娱乐他们而感到诧异，从他们的反应就可以知道这种事情很少发生，而这就是你——不管是初创公司或大公司——可以让人惊艳的地方。

有一点一定要谨记在心，就是你正在打一场永远不会完结的拳击赛。技巧高超的品牌，经常用直拳和右勾拳说故事，到最后确实能累积足够的品牌资产，让他们不需要像初创公司或是正努力修补形象的公司一样疯狂投入，但这都只是相对而已。虽然现在你就算减少20%的投入，还是比多数营销人员目前的平均投入多，也不能依靠已经得到了用户的心就偷懒。你必须要持续努力！不然就会像道格拉斯一样在10分钟内被击垮（准确地说，他在7分45

秒内就被打败）。

道格拉斯创造了一段"屌丝逆袭"的故事，却在他成功打败迈克·泰森之后的9个月，急转直下，令人失望。他在二月份离开拳击场时，已是新重量级世界拳王，达到人生的顶峰，但接下来的几个月，他都花在媒体宣传上，上大卫·莱特曼（David Letterman）的脱口秀、为《体育画报》（*Sports Illustrated*）拍摄封面、发签名照和享受粉丝的崇拜。同一时间，他仍未走出失去母亲的悲痛，他也承认自己因为和著名拳击经纪人唐·金（Don King）争执而感到压力和沮丧。唐·金是拳击赛的承办人，有个爆炸头的发型，他一直试图推翻道格拉斯对战泰森的结果。道格拉斯没有回到训练场上，用对战泰森前的密集训练准备下一场比赛。当道格拉斯再回到拳击场上，和伊万德·霍利菲尔德进行对战前的称重时，他看起来像是吃光了全世界所有的芝士汉堡一样臃肿。

1990年11月9日，道格拉斯对战霍利菲尔德，他们看起来实力并不悬殊，就连播报员都有点诧异地评论道，这两个人的体积差不了多少，他没提到他们的身形差异，但拳击手一脱下外袍就马上分得出谁更厉害。霍利菲尔德的斜方肌极度紧实，顶着头颅的躯干曲线完美，整个身材呈现出肌肉感十足的倒三角，他宽阔的肩膀和胸膛就像一尊美丽的大理石雕像。反观道格拉斯，当他趾高气昂地走向拳击场的另一角，他闪亮的白色拳击裤上方，一圈"游泳圈"轻轻摇晃，当他踮起脚在拳击台上跳动热身时，他的胸肌在晃动，胸部像海绵一样下垂。

比赛开始后，就像在看斗牛对战斗牛犬，道格拉斯在第4回合就被击倒了。

许多人都知道努力很重要，但实际上，努力的重要程度比大家想的还要高出许多。

ROUND 10

所有公司本身就是媒体公司

前9个章节都在强调新媒体营销的关键是"微故事",事实上,你的内容和故事越短越好。但当我放眼未来,我看到微故事的"阴面",而不是"阳面"。毕竟,长篇幅内容还没有消失,依然以各种形式存在,例如YouTube影片、杂志文章、电视节目、电影和书籍,它还是会持续吸引广大用户。然而,随着品牌不断把过去散布内容的传统渠道向外拓展,公司发现它们越来越不需要"租借"媒体,而是可以直接拥有媒体,种种趋势让品牌开始怀疑它们为什么还要跟不同的媒体公司打交道,为什么不直接将自己变成媒体?这个想法并不疯狂。

轮胎公司成为美食评论家这件事情,一点逻辑都没有,但是100年前,米其林轮胎(Michelin)开始评论乡村餐厅,鼓励都市人开车到远一点的地方去,多磨损几个轮胎。吉尼斯酿酒公司(Guinness)创造了《吉尼斯世界纪录》(*Guinness Book of World Records*)增加品牌知名度,为大家制造酒吧话题。同样的道理,我推测未来有一天,像耐克这样的品牌,可以推出自己的运动节目,并且成功和ESPN体育台竞争;美国铁路公司可以发行出版物,和《漫旅》(*Travel+Leisure*)并驾齐驱;像Burberry这样的奢侈品牌,要出版一本像《罗博报告》(*Robb Report*)一样的精品杂志,初始成本非常低;Williams-Sonoma美式厨具店要出版像美食杂志Easter,或男性数码生活杂志Thrillist这类为特定族群设计的出版物，成本也很低。

只要品牌保持公开透明的态度，不要让用户误以为这些网站或出版物是绝对客观的内容提供商，这就会是公司拓展品牌和内容知名度的大好渠道。就某种层面而言，这就是我设立"电视红酒图书馆"的目的。大家都知道我是卖红酒的，但是他们相信我的产品评论，因为我很努力保持诚实、公正和真实，任何品牌都可以为自己的产品或服务做一样的事。

一定会有人质疑上面这个论点，特别是上了年纪的朋友，但小于30岁的营销人，知道在未来，不真实的评价一定会被揭穿，而且他们乐于面对这样的趋势。他们身处透明的时代，清楚自己别无选择，只能用诚实和尊重来对待用户，否则就会受到用户的唾弃。

营销的世界里，一般公司和媒体之间不再隔着不可逾越的鸿沟。品牌即将成为媒体世界的主角，看他们能激发什么创新果实，一定很刺激！

ROUND 11

结论

让单一平台发挥最大功效就够费心了，现在要一口气面对五大新媒体，工程更是浩大。希望这本书精简又实用，和Tumblr或Pinterest上的帖文一样，提供一场视觉盛宴，拆解全球最受欢迎、最有趣的平台，让大家看到它们的基本组成：文字、图像、语调与连结力。在现在这个时代，新媒体爆炸性地增长，营销人员和企业主在后面拼命追赶，想尽办法跟上新媒体的脚步，很多人一想到新媒体就心生畏惧，希望本书可以帮助他们舒缓一下情绪。

我敢保证，你投资在摸透各大平台规则的心力绝对不会白费。虽然新媒体变化的速度忽快忽慢，但即使是变化速度缓和的时候，大部分的公司和平台用户依然适应得很慢。这是你的机会，因为人们适应转变的速度太慢，意味着你只要加入透析平台的先锋部队（永远只有少数人会加入），就能得到显著的商业优势。

之前有一名Google分析（Google Analytics）的工作人员告诉我，没有人懂得有效利用它们的追踪系统。Google分析已经成立8年，时间长到足以让营销部门摸清它的规则，但大家却恐惧于它的复杂和庞大，就连最好的电子商务公司都不愿意花时间和精力去熟悉它的所有功能。只有少数营销人员在上面费心，这群人很清楚，不管精通Google分析要花上多少成本，与它能带来的庞大收益相比，都显得微不足道，而他们取得的信息也成为了再三击败对手的撒手锏。

本书探索了许多平台，营销人员只要认真搞懂这些平台的细节和微妙之处，就能"称霸新媒体"。没有错，我懂，Facebook每次修改算法和动态消息页都令人心烦，Twitter和Pinterest也时常做一些改造和重新设计，但只要你不向这些恼人的事情低头，一直保持警觉并且利用这些改变创造优势，就能瞬间把多数营销团队甩在身后。未来其他人或许会气喘吁吁地追上来，弱化你的优势，但靠着前两到三年在曲线前端快速发展的成果，你还是会大幅超前，营销能力超前。况且话说回来，既然你都已经在科技发展曲线的最前端了，他们就算追上来又何妨？让我借用嘻哈歌手Jay Z的饶舌歌曲《向下个目标前进》（*On to the Next One*），等到他们追上你，你已经向着下个目标前进了，很可能是在思考要怎么从手机转到虚拟现实眼镜的镜片上说故事。那时候，我大概会再写一本新书，名叫《四眼说故事》（*Four-Eyed Storytelling*）或其他类似的东西。

那是以后的事，现阶段我打算在这本书上市的时候，在各个地方说故事，一有机会就挥直拳和右勾拳。我可能会在Facebook上放9秒短视频，再到Twitter上推文，附上连到亚马逊书店的链接。同时，你会在Instagram上看到这本书的封面，在Tumblr上看到同张照片的GIF动画——封面玩起自行车特技，单"脚"着地，上下摇晃。我还得想想看确切需要怎么做，但无论如何，我都会重复讲相同的故事——关于新媒体、商业，以及他们现在逐渐合为一体的过程。

ROUND 12

赢得营销

在我准备把本书最终的版本交给出版社的前几天，Instagram推出了15秒的视频服务，直接与Vine竞争。当时我正在法国的戛纳，一得知消息马上以最快的速度回到酒店，花4个小时看完了所有我能找得到的Instagram视频。从那时候开始，我和范纳媒体团队，还有世界上最积极的营销人员们，都绞尽脑汁想找出在为照片而设的平台上，用15秒影片说故事的最佳方式。

这就是我们平日生活的最佳写照。忘了《广告狂人》，别再管乔·汉姆（主角），他活在三十年不变的悠闲世界，在那个世界里，你一整段工作生涯只要搞清楚印刷物和电视营销的运作方式就够了，但我们所处的世界却瞬息万变，无时无刻不在进化。10年前，要成为成功的创业者、营销人员或重要名人所需的技巧，与更早的数十年相比，没什么巨大的改变，但现在这个时代不同了。

坏消息是：营销很难，而且越来越难。但我们没有时间缅怀过去，或自怨自艾，这些一点用都没有。身为"现代说书人"，我们的工作就是要随着市场情况调整，因为无论如何它都不可能为我们放慢脚步。

Instagram的视频服务只是目前最新的演化，是否已经上市，我们要找到定制化的方法，在客人右眼或左眼上方悬挂着的屏幕上说故事。在我们前进的同时，也要不断回头审视，到底还要通过手机应用、视频和眼镜带给用户多少价值，才能获得回报？我们要记得一直给，最后才提出请求，并且追上平台的各种改变，这都是我们得持续面对的巨大挑战。

迅速移向新平台的优势一再被证实，在Instagram和Pinterest上成果突出的人，和当年成功预测Facebook和Twitter会受到欢迎的人未必相同。他们只是最早到新的平台上，并且比任何人都早弄懂这些平台。他们赌上全部的筹码，到平台上测试、学习和观摩。

希望你也能加入先锋部队，展现穆罕默德·阿里（Muhammad Ali）和乔·弗雷泽（Joe Frazier）在《马尼拉的震颤》（*Thrilla in Manila*）中对战时的那种凶狠与信念，在新媒体的拳击场中，打出自己的一片天。你或许没听过《马尼拉的震颤》，那就让我补充说明一下，它被誉为拳击史上最精彩的一场赛事，官方宣告阿里赢了比赛，但大家都说，当天两名拳击手的表现都很努力而且精彩，所以这场比赛没有输家。

我喜欢赢，希望你也是！

THE END

图书在版编目（CIP）数据

新媒体营销圣经：引诱，引诱，引诱，出击！/
(美) 维纳查克著；张树燕译. -- 北京：北京联合出版
公司，2016.4
 ISBN 978-7-5502-7210-1

Ⅰ.①新… Ⅱ.①维… ②张… Ⅲ.①网络营销
Ⅳ.①F713.36

中国版本图书馆CIP数据核字(2016)第039770号

JAB, JAB, JAB, RIGHT HOOK: How to Tell Your Story in a Noisy, Social World,
Copyright © 2013 by Gary Vaynerchuk.
All Rights Reserved.Published by arrangement with HarperBusiness, an imprint
of HarperCollins Publishers

中文版权 ©2015 上海读客图书有限公司

经授权，上海读客图书有限公司拥有本书的中文（简体）版权

新媒体营销圣经：引诱，引诱，引诱，出击！
作者：维纳查克著
责任编辑：李征
选题策划：读客图书 021-33608311
特约编辑：姜一鸣 江培芳
封面设计：陈艳丽
版式设计：余晶晶
责任校对：绳刚 曹振民

北京联合出版公司出版
（北京市西城区德外大街83号楼9层 100088）
联城印刷（北京）有限公司印刷　新华书店经销
2016年4月第1版　2016年4月第1次印刷
字数193千字　710毫米×1000毫米　1/16　17印张
ISBN 978-7-5502-7210-1
定价：56.00元

如有印刷、装订质量问题，请致电 010-85866447（免费更换，邮寄到付）